EL EROTISMO Y LA RELIGIÓN

Francisco Juanes

EL EROTISMO
Y
LA RELIGIÓN

La influencia erótica en las experiencias religiosas: sintomatología y simbolismos sexuales.

ÍNDICE

.

INTRODUCCIÓN

Este libro trata sobre la relación entre el erotismo y la religión, si bien es cierto que incidiremos en mayor medida en la cristiana por ser la que más ha influido en esta cultura occidental. La relación entre la religión y el erotismo se observa a distintos niveles y desde diferentes perspectivas: la observamos desde ramas tan dispares como la teología o la psiquiatría, y la experimentamos de formas aparentemente opuestas como son la de un místico en éxtasis o la de una orgía satánica. Es decir, que la relación entre el erotismo y la religión no es tan limitada como algunos podrían pensar, sino que abarca más ámbitos de los previsibles. A su vez dicha relación resulta evidente para cualquier mente con un mínimo de lucidez y objetividad; de hecho sólo hay que acudir a la Antropología o a la Historia de las Religiones para corroborar sus múltiples correspondencias.

****

En realidad el erotismo y la religión vienen de la mano desde que el hombre es hombre, desde el nacimiento paulatino de lo que podríamos considerar las primeras ideas religiosas, donde nuestros ancestros prehistóricos realizaron ritos eróticos en los que se glorificaba la sexualidad, entendida desde entonces como el misterio sagrado por antonomasia y motor del mundo.

Todos los seres vivos tenemos instinto de conservación. Y cuando el ser humano descubrió que la sexualidad era lo que provocaba los nacimientos de nuevos seres, la santificó y rindió culto, pues obviamente de ella dependía nuestra supervivencia como especie. La fecundidad fue considerada entonces como la cualidad más sagrada, aquello a lo que glorificar y conservar mediante ritos religiosos para que favoreciese nuevos partos. Así pues, la capacidad "creadora" de la fertilidad fue atribuida al poder de los espíritus al principio, y con el paso del tiempo a un don de los dioses.

De este modo el ser humano razonó que si había alguna entidad o dios capaz de haber creado todo lo existente, quedaba claro que nos había transmitido parte de su poder, pues al igual que la divinidad también nosotros podíamos "crear" nuevos individuos de la nada. Esa era la única forma de sortear los efectos de la muerte y la extinción: aprovechar ese don divino y propiciar de algún modo ritual las cópulas, para que así los espíritus nos bendijeran con el don de la fertilidad favoreciendo nuestras preñeces.

Se glorificó la fertilidad porque a mayor número de individuos mayores posibilidades de supervivencia, tanto individual como colectivamente, pues el grupo hace la fuerza. Además, no podemos huir (en tanto que especie) del imperativo biológico por el cual todo ser vivo está llamado a reproducirse. Este dato nos aporta la primera premisa incontestable, que es la siguiente: *La sexualidad constituye una parte inextricable del ser humano y de toda su construcción simbólica llamada cultura*; forma parte indisociable de nuestro Ser y con ello penetra en todas las ramificaciones de nuestra inmensa construcción cultural. Y la religión es cultura, no lo olvidemos, lo que por definición significa que *la religión no puede abstraerse de las influencias de nuestro instinto sexual*.

En este punto debemos subrayar que la religión es una construcción simbólica devenida gracias a la evolución de la especie humana, y no cabe duda que obra en pro de nuestra supervivencia. Dicho claramente: *la religión es una adaptación al medio que nos permitió sobrevivir*.

Las religiones instauraron culturas y promovieron el progreso social, normas sanitarias e higiénicas, fomentaron la natalidad y la vida, cohesionaron y vertebraron civilizaciones... datos todos ellos innegables por muy en contra que se pueda estar de las políticas religiosas (las cuales no dejan de ser políticas humanas, no lo olvidemos, y por lo tanto no definen correctamente en toda su amplitud la esencia religiosa). Existen hipótesis actuales de afamados científicos que a la vez que consideran al ser humano con instintos de reproducción y supervivencia, también le otorgan un instinto religioso. Sea como fuere, lo cierto es que las creencias sobre una fertilidad sagrada las fue aprehendiendo nuestra especie de forma innata, con la experiencia, pues nos dimos cuenta que si auspiciábamos las conductas sexuales de forma ritual nos aseguraríamos una óptima natalidad y con ello la supervivencia. De esta manera se practicaron cultos religiosos a los órganos generadores así como a la fertilidad derivada de ellos.

Los primeros objetos devocionales que fabricó el ser humano en aquellas épocas antiquísimas fueron los genitales, es decir, falos y vulvas fueron utilizados como objetos de adoración. Y obviamente junto con ellos aparecieron por todo el globo unas creencias religiosas que favorecían la supervivencia humana gracias a sus ritos de fertilidad. El único rito para propiciar la vida tenía que ser sin lugar a dudas haciendo un uso sagrado de las cópulas; de este modo llegaron a realizarse orgías establecidas de forma natural desde milenios atrás por aquellos antepasados nuestros. Posteriormente y con el paso del tiempo los ritos erótico-religiosos fueron promovidos por los poderes políticos y las instituciones religiosas, e instaurados oficialmente por ellos.

Conforme avanzaba la prehistoria y con la aparición de religiones más evolucionadas, se idearon una cantidad considerable de dioses que hacían uso de su sexualidad. Pero no nos engañemos, no era por deleitarnos con escenas frívolas sino más bien al contrario, ya que su sexualidad representaba su poder creador. Este es un dato muy importante que conviene no olvidar: *La sexualidad de los dioses simbolizaba su poder creador, o sea, su poder genésico,* pues crearon el mundo.

Es fácil toparse con la imagen de un dios egipcio como Min u Osiris y verlos representados itifálicamente (con el órgano erecto). Del mismo modo si repasamos la historia de la Antigua Grecia veremos que también sus divinidades hacían uso de su sexualidad hasta límites muy peculiares. Tampoco

Roma se quedó corta en lo tocante al erotismo de sus dioses ni en las celebraciones rituales de sus fieles. Y si echamos la vista a Oriente veremos una gran cantidad de creencias religiosas en las que se glorifican nuestros órganos generadores y en donde la cópula era entendida como un acto sagrado que acercaba los hombres a la santidad.

Repasando los anales de la humanidad nos damos cuenta que el *erotismo sagrado* ha sido una constante en todos los momentos de la Historia. Y decir "erotismo y sagrado" es como decir "sexualidad y religión". La sexualidad humana, en todos sus aspectos (entre ellos el erotismo), es indisociable de la religión desde que nuestra especie habita este planeta. Y podemos decir lo mismo a la inversa: la religión es indisociable de nuestra sexualidad desde que somos *homo sapiens (sapiens)*. Sexualidad y religión son pues como dos caras de una misma moneda.

****

Hace decenas de miles de años los chamanes de la prehistoria entraban en trance y en las paredes de las cuevas grababan falos, vulvas y coitos. En sus éxtasis ya relacionaban intuitivamente y por instinto la sexualidad con la religión. Milenios después, las experiencias místicas de los religiosos fueron siempre sospechosas para los inquisidores cristianos, pues durante el arrobo extático se atraviesa inevitablemente por un trance en el que el cuerpo y la mente se sienten erotizados, y obviamente la Jerarquía tenía sus reservas para tolerar una relación (para ellos sacrílega) entre lo sagrado y la sexualidad.

Es cierto que hoy en día podemos recopilar abundante información tanto de la prehistoria como de la Historia, pero sin lugar a dudas lo más interesante son los textos de los místicos, pues ellos nos narran de primera mano lo que su organismo sintió durante el trance. Podemos escudriñar así qué de cierto hay en la creencia de que en todo éxtasis se atraviesa por un estado erotizado del cuerpo. Y no sólo eso: también tenemos la suerte de poder acudir a la ciencia actual para ver lo que la psicología y la psiquiatría tienen que decir al respecto. El capítulo primero titulado *Mística erótica* tratará precisamente esta cuestión.

En el capítulo segundo titulado *Lactatio Bernardi y amplexus* veremos qué implicaciones eróticas tienen unos sucesos verdaderamente sorprendentes que acaecieron a algunos místicos. Nos referimos al hecho de que la Virgen María ofrezca y dé leche de su pecho no sólo a su hijo, sino a un hombre adulto... y lo que es más curioso: que éste se la beba (escena denominada *lactatio*). También trataremos otro hecho singular como es que la imagen de Cristo abrace tierna y amorosamente a un santo varón (escena denominada *amplexus*). Sin lugar a dudas de estos dos actos se puede sospechar que contienen una carga libidinal notoria: beber un hombre adulto del pecho de una mujer no es habitual y no puede quedar exento de cierto contenido psico-sexual. Este será el tema de nuestro segundo capítulo: analizar las correspondencias eróticas en la lactación del pecho de la Virgen y en los abrazos sumamente cariñosos que propina la imagen de Jesucristo.

El tercer capítulo se titula *La vocación de mártir: el gusto por el dolor*, y en él revisaremos por qué tantos religiosos y místicos se prodigaron castigos corporales. Sabido es que muchísimas órdenes religiosas contemplan el castigo corporal entre sus fieles e incluso los promueven. En este capítulo indagaremos si dichas prácticas sólo son parte de una tradición religiosa que intenta imitar el dolor sufrido por Cristo (*imitatio dei*) o si por el contrario también reportan alguna gratificación de orden sexual. Las ciencias médicas actuales tienen mucho que decir en este punto.

El capítulo cuarto titulado *Eucaristía* se centrará en aquellos aspectos antropófagos implícitos en el acto de comulgar con el Cuerpo de Cristo, pues el fiel cristiano se come su cuerpo transubstanciado en la santa oblea. Estudiaremos asimismo los orígenes del gesto caníbal que supone comerse a Dios, acto denominado teofagia, y si esta acción está de alguna manera relacionada con el instinto sexual y en qué medida.

En el capítulo *Las neurociencias y la experiencia religiosa* analizaremos lo que los últimos avances de las ciencias médicas nos dicen acerca de los arrobos místicos o éxtasis, y profundizaremos en sus teorías; cotejaremos sus conclusiones para comprobar si existen lazos de unión entre las experiencias religiosas y el erotismo, e intentaremos aclarar por qué se da esa aparente erotización del cuerpo durante los éxtasis religiosos.

Por último, el capítulo titulado *A imagen y semejanza* versará sobre el significado de esta sentencia bíblica, pues en las Sagradas Escrituras se nos dice reiteradamente que estamos hechos *a imagen y semejanza* de Dios. Profundizaremos en estos versículos para averiguar si es aquí donde reside la clave para comprender por qué la unión con Dios se da a través de un cuerpo erotizado, y veremos que tal vez no podemos participar de la unidad con Dios si no es única y exclusivamente a través del simbolismo sexual.

Si el simbolismo sexual (en todas sus formas y manifestaciones) es la única vía para acceder a Dios, tal vez ello signifique que la vivencia erótica es el único lugar común entre dioses y hombres.

MÍSTICA ERÓTICA

«*Mientras reposa el rey en su lecho, /exhala mi nardo su aroma. [...] Mi amado metió su mano / por el agujero (de la llave), / y mis entrañas se estremecieron por él.*» (*Cantar de los Cantares*, 1, 12 y 5, 4.)

«*¡Ay, Señor! / ¡Ámame íntimamente, / y ámame a menudo y mucho tiempo! / Consúmalo, Señor, de inmediato en mí.*» (Matilde de Magdeburgo)

«*¡Por eso adelante, hermanas mías! Que en alguna medida podemos ya disfrutar en la tierra del cielo.*» (Santa Teresa de Ávila)

Vamos a tratar primeramente las complejidades del fenómeno místico, pues no en balde se suele atribuir al éxtasis religioso un estado erotizado del cuerpo. Antes que nada cabe advertir al lector que los éxtasis religiosos han sido experimentados por el ser humano desde que somos *homo sapiens (sapiens)*, e incluso se especula que posiblemente los neandertales ya pudieran tener alguna especie de consciencia religiosa, pues se han hallado restos de enterramientos suyos, lo cual significa -si es que tenían mentalidad religiosa-, que no podemos excluir que experimentaran éxtasis místicos de similar manera que los primeros chamanes *sapiens*.

Según las explicaciones de los místicos más cercanos a nosotros en el tiempo, el trato directo con la divinidad -o al menos su intuición sensible- afecta a los sentidos del cuerpo hasta dejarlo arrobado y con síntomas similares a los de un orgasmo sexual. Por ese motivo debemos investigar el complejo mundo de la mística e intentar desentrañar qué se esconde detrás de un éxtasis.

Acerca de la mística hay tanto que tratar que un extracto como el que les proponemos puede parecer ridículo; no obstante nos centraremos en aquellos aspectos que observen correspondencias eróticas por ser lo que nos interesa en este estudio. Y reiteramos un dato importante que conviene retener: siempre se ha visto en los fenómenos místicos el desarrollo de un estado mental enajenado que se manifiesta corporalmente con el goce de los sentidos.

****

La mística, cualquiera que sea su lugar y su tiempo, tiene un claro objetivo bien definido: la búsqueda de la unión con la totalidad, con el Uno, con el Creador, con Dios... o sea, una vivencia de lo divino (*cognitio Deis experimentalis*).

La unión mística intenta recuperar la unión primigenia: los orígenes míticos donde no había distancia con el Todo y con los inicios de la Creación. Es por ello que para algunos estudiosos ese mundo perdido que pretende vivenciar la mística se encuentra en los primeros estadios de nuestra vida intrauterina, dentro del vientre materno, que es donde recibimos esa "impresión vibratoria" del corazón, de la respiración y de los movimientos corporales de nuestra madre: es ahí donde reside simbólicamente el primer paraíso del que fuimos expulsados al nacer (de forma análoga a como

18

se nos expulsó del Jardín del Edén), por eso los místicos han hablado de Dios como de una madre en la que residen.

En el espacio intrauterino estamos atados a otro ser del que dependemos, pero su cordón umbilical se cercenará y acabaremos en la soledad metafísica del mundo exterior: ese será el trauma del que no nos desprenderemos nunca en la vida y siempre residirá de forma inconsciente en nuestra mente. Desde el nacimiento necesitamos pues de otros lazos que reproduzcan lo más fidedignamente posible la unión de ese estado primigenio que perdimos al salir del útero, aunque de hecho no sepamos a ciencia cierta cómo es exactamente esa clase de unión de la que hablamos ni la mejor manera de reproducirla.

Platón creía que todas las almas están locas a causa del nacimiento, como también pensaba que todos buscamos inexorablemente unirnos al otro sexo para completar el ser primigenio y hermafrodita que fuimos en tiempos míticos. Lo cierto es que nunca, por muchas culturas y civilizaciones distintas que habiten el planeta, dejará el hombre de sentir esa soledad cósmica ni esos deseos de unirse en total armonía con su esencia perdida. Ansiamos una fusión que nos transporte a los orígenes del paraíso mítico, a la libertad de las cadenas umbilicales (valga la paradoja), y esta búsqueda de unión la satisfacemos con sucedáneos tales como las relaciones humanas de amor -en el mejor de los casos-, por ser una expresión análoga aunque física, lo cual significa por definición que nunca llenará del todo ese vacío existencial, ya que un vacío espiritual no puede saciarse con algo físico y carnal (los adictos a las relaciones esporádicas sexuales debieran saberlo).

Y vamos a avanzar ya cuál es la palabra clave de toda experiencia mística: el ¡¡¡*AMOR*!!!

La mística religiosa ha sido posible sólo gracias a la relación afectiva y recíproca de amor con Dios, por eso las uniones sexuales humanas han sido los correlatos simbólicos de ese amor divino, porque son la expresión afectiva más similar que se conoce; y por ese mismo motivo algunos textos místicos están escritos en clave erótica como si fuesen diálogos entre amantes, o entre el esposo y la esposa, pues la unión mística fue entendida como un "verdadero" contacto amoroso.

Al ser la relación recíproca de amor la condición de la vivencia mística, la satisfacción sexual fue considerada en algunos grupos religiosos como la vivencia simbólica del amor divino, y ello provocó toda clase de confusiones respecto del erotismo místico: especulaciones sobre su sexualidad imaginaria y su onanismo mental, sobre su perversión sexual y su amoralidad, por lo que ha estado siempre bajo sospecha a ojos inquisitoriales.

El recurso erótico ha explicado tradicionalmente los éxtasis, y el orgasmo sexual fue la metáfora ideal para describir la unión mística (*unio mystica*) en los cristianos gnósticos. En la Biblia, la metáfora sexual queda reflejada a través del amor entre esponsales en el libro *Cantar de los cantares,* y toda la poesía mística (piénsese por ejemplo en San Juan de la Cruz) redunda en el simbolismo erótico. Pero si el orgasmo ha sido el recurso más utilizado para explicar el éxtasis esto se debe evidentemente a que comparte sus síntomas y manifestaciones, a que participa de su misma esencia. (No es casualidad que el orgasmo sexual haya sido la metáfora y el símil más utilizado en la literatura mística y en el arte en general para expresar la unión con Dios.)

En la primera forma mística de la que se tiene documentación escrita (más de dos milenios antes de Cristo) ya encontramos la correspondencia erótica en el trato amatorio entre Dios y el humano, pues se dieron gran cantidad de palabras y gestos lúbricos hasta el punto de consumarse en la relación matrimonial. Para ello se emplearon términos explícitamente sexuales como por ejemplo «para que lleve sus manos a mi sagrada vulva» (*Sulgi* X 9-21.30.) y frecuentes referencias a la unión sexual[1].

Tal magnitud de amor embarga al místico, que pasa a ser un pobre enamorado deseoso de fundirse con la divinidad del mismo modo en que se anhelan los amantes, hasta tal punto que esa nostalgia por revivir el encuentro místico se torna desesperación, ansia pura por volver a sentir a su amado divino, como bien lo expresó la santa de Ávila con un «*muero porque no muero*». Es tal la analogía que no nos extrañamos al oír de boca de San Juan de la Cruz que la mística es una «advertencia amorosa de Dios».

El simbolismo sexual, la relación recíproca de amor entre dos amantes, es pues la forma idónea para expresar simbólicamente la unión mística. Y su demostración física (el

---

[1] Es decir, «El amor a Dios se cantó como el amor humano: Los himnos recurrieron al lenguaje del amor humano para expresar, por analogía, la experiencia de la atracción divina...» Al respecto véase García, Jesús. "Ojos contemplativos: apuntes de mística en Mesopotamia". En: MARTÍN, Juan. *La experiencia mística. Estudio interdisciplinario.* Trotta (Madrid) y C.I.E.M.(Ávila), 2004. p. 76 a 80. Cabe alabar aquí la meritoria y sobresaliente labor de Juan Martín Velasco por su continuado esfuerzo en la investigación interdisciplinaria del hecho místico.

EL EROTISMO Y LA RELIGIÓN

coito) es el acto análogo para expresar la unión con Dios. En otras palabras: *la experiencia culminante de amor con Dios se expresa idóneamente con el simbolismo sexual.*

Se ha intentado desde la posición más puritana desligar a la mística del erotismo, rechazando de plano un probable trasfondo erótico en los arrobos, aunque tal actitud no hace sino obstruir una respuesta consensuada. Indudablemente una interpretación sólo erótica de la mística está abocada al fracaso, pues aunque existan analogías sexuales también es cierto que existen diferencias ontológicas que niegan cualquier comparación superficial. No obstante, las diferencias, las equivalencias entre el éxtasis místico y una satisfacción sexual ordinaria son numerosas.

Desde el lado opuesto, por contra, se ha comparado ese estado erótico del místico con ciertas desviaciones sexuales (precisamente porque evitan la "finalidad sexual"), y por eso es fácil encontrarse con opiniones en que se trata a los místicos de enfermos mentales o pervertidos sexuales, comparándolos incluso con el lúbrico y neurótico Don Juan y asegurando que en nada se diferencia el éxtasis de un místico del orgasmo sexual de un enfermo psíquico. Así pues, vamos a ver si ponemos un poco de orden en este asunto y aclaramos los diferentes puntos de vista para encontrar un nexo común.

En la tradición oriental están más habituados y aceptan de mejor grado los lazos entre el erotismo y la religiosidad, pues sus divinidades frecuentemente han tenido trato carnal, de ahí que encontremos tanto en el hinduismo como en la mística sufí la confluencia de la visión religiosa y la erótica. Y a decir verdad el cristianismo también contempla esta confluencia en donde el erotismo impregna la religiosidad, pero no a ojos vista sino veladamente, pues tiene el inconveniente añadido de ser un sistema religioso con una ética sexual un tanto peculiar. Aún así, a pesar de su aparente recato moral en comparación con otras formas religiosas, nunca han podido acallar la voz amorosa de tantos místicos: la prueba de la influencia erótica en el cristianismo la tenemos en que se incluyó el *Cantar de los Cantares* en la Biblia, prueba irrefutable de la confluencia entre la religión y el erotismo incluso para las más elevadas instancias, al menos en otro tiempo del cristianismo.

El primer problema al que se enfrentan los estudiosos de la literatura mística es el concerniente a su interpretación, tal y como sucede con el *Cantar de los cantares*[2]. En el *Cantar* el sentido religioso es indistinguible de su sentido erótico y profano, por lo que algunos autores como Deschner sostienen que está suficientemente probado que se trata de *lírica amorosa profana* derivada de una «festividad hierogámica de

---

[2] Existen muchas diferentes interpretaciones dependiendo si se analiza desde el lado cristiano o el judío. De todos modos la menos acertada es sin duda la *naturalista*, que ve en el diálogo entre amantes un mero desahogo febril entre dos personas deseantes (interpretación literal). La tradición cristiana adoptó la interpretación típica, es decir, los amores entre Salomón y la hija del faraón, los cuales a su vez serían entendidos también como los amores históricos de Yahvé hacia Israel. La interpretación alegórica ve en el diálogo entre amantes diferentes vicisitudes por las que atravesó el pueblo de Israel a lo largo de la historia. La interpretación parabólica es la más aceptada por el catolicismo, que estima que el diálogo alude al amor de Yahvé por Israel sin determinar ningún momento histórico en concreto. (Véase NÁCAR y COLUNGA. *Sagrada Biblia.* p. 690-1. "Sistemas de interpretación") No obstante, un estudioso de renombre como von Balthasar (véase su libro *Glória, una estética teológica*) aboga por una interpretación literal y profana.

alguna pareja de dioses palestinos»[3]. Y a decir verdad, si atendemos a su interpretación literal ciertamente en el *Cantar* sólo se observa poesía amorosa profana, no religiosa.

Sabemos que el sentido literal es generalmente el menos acertado, y sin embargo muchas veces los pedagogos cristianos han recurrido a él por proselitismo e interés, como por ejemplo al pretender interpretar los milagros al pie de la letra y no de forma simbólica, en la edad del universo o en la fecha de aparición de la vida humana sobre la Tierra; nos han dado explicaciones literales que hoy en día sabemos que no se sostienen, por ejemplo la historia del diluvio universal, o que la Resurrección de Cristo ocurrió realmente y no en clave simbólica tal y como la entendían los primeros cristianos gnósticos (precisamente por este -y otros motivos- apartados del poder político). Si generalmente las explicaciones de la Iglesia atienden al sentido literal, ¿por qué no ocurre lo mismo en el caso del *Cantar?* ¿Por qué no lo interpretan como la expresión amorosa entre dos amantes? Mucho nos tememos que en la represión sexual propia del sistema judeocristiano resida la clave.

A decir verdad, es cierto que en el *Cantar* se puede interpretar la unión amorosa de sus personajes como metáfora de los amores de Dios con sus fieles, como también se puede interpretar el *Cantar* a modo de metáfora de la unión mística. Pero no es menos cierto que la interpretación literal que observa un sentido erótico y profano en el *Cantar*

---

[3] DESCHNER, Karlheinz. *Historia sexual del cristianismo.* Zaragoza; Yalde, 1993. p. 40.

es también una opción válida; nada hace descartarla, es más, tal y como hemos dicho algunos eruditos abogan por ella.

****

El alcance de la mística no sólo se reflejó en el arte de la literatura o la pintura, sino que también se inmiscuyó en el trasiego de la vida cotidiana. En la Edad Media, el amor cortés -por lo demás inalcanzable e idealizado- no fue sino la sublimación sexual de la parte psíquica femenina que tiene todo hombre, y de este modo abundaron bardos glorificando literalmente la figura de "la mujer", que no era otra cosa sino su psique femenina idealizada desviada de su finalidad sexual normal. De hecho, el amor mariano (el amor hacia la Virgen María) y el erotismo crístico (el referente a Cristo) pueden ser entendidos perfectamente como sublimaciones del instinto sexual. El amor mariano como la meta utópica de infinidad de monjes, y el erotismo crístico el de tantas monjas, y no es preciso explicar el por qué de esta obviedad. La gran cantidad de hombres que abandonaron a sus esposas en busca de la ilusión mariana son harina de otro costal que no trataremos aquí, como sucedió en las Cruzadas, aunque dichas anécdotas sirven curiosamente para mostrar la plaga que hubo en aquel entonces: una gran epidemia psíquica donde millones de personas claudicaron a una sublimación colectiva del instinto sexual en la figura de una mujer inalcanzable y por lo tanto asexual, valga la paradoja.

María, ideal de castidad, mujer exenta de pecado, virgen, pura, madre de Dios... ¿Qué más se puede pedir en un tiempo donde la sexualidad era la condena de la humanidad y la mujer signo y causa de pecado? No obstante esta faceta casta de la Virgen, ella será paradójicamente el recipiente donde verterán sus perversiones sexuales algunos religiosos, pues es la sustituta idealizada de la mujer, la que se adapta y comprende nuestros más íntimos deseos de forma individualizada.

Los pechos de la Virgen, henchidos de leche de una dulzura inefable, premian al místico que se deleita bebiendo directamente de ellos, tanto con su boca chupando directamente del pezón como a través de un chorro de leche a distancia que va a parar justo dentro de la boca del místico. (Hay numerosos cuadros que retratan el pasaje en el que un monje bebe de sus pechos). Las alucinaciones de monjes que han vivido en la completa intimidad de sus celdas una relación amorosa con ella son abundantes; los que bebieron de sus pechos son menos; y menos aún los que probaron un beso de su boca virginal. La Virgen desposaba a sus maridos con un anillo hecho con sus propios cabellos, de forma similar a cuando Cristo desposaba a las santas con un anillo hecho con el prepucio de su propio pene, reflejando con este acto un paralelismo más que evidente en cuanto al objeto sustituto de la sexualidad ajena, es decir, el fetiche: en un caso los cabellos de la Virgen y en el otro el prepucio de Cristo. San Bernardo se fascinó por la vagina de María en una visión a través de la cual vio nacer a Jesús por el útero virginal (*ex utero matris virginis*), pero si por algo es especialmente famoso este santo es porque bebió la leche "más dulce que la miel" de sus pechos "rebosantes" (En el próximo capítulo trataremos en profundidad algunos actos peculiares atribuidos a este santo, como cuando bebía de los pechos de la Virgen o cuando Cristo y él se fundían en un abrazo muy peculiar). En conjunto son muchos los que han gozado de alguna u otra forma de los favores de la Virgen, aunque es de prever que la mayoría de ellos guarde silencio sobre las poluciones involuntarias vertidas sobre su faz causadas al recrearse con su imagen. Lo que pasa en la celda se queda en la celda, guardiana y testigo de secretos inconfesables.

****

Hablábamos en otro libro que lo sagrado quedaba protegido por las prohibiciones religiosas, las cuales fueron instauradas precisamente para proteger y preservar lo sagrado; y que dichas prohibiciones son las que mantienen las normas para proteger la estabilidad social. Sin embargo tales prohibiciones eran transgredidas durante los ritos religiosos para propiciar un nuevo futuro regenerado, el cual no sería posible si siempre se observaran las mismas normas: quebrantando las prohibiciones se consigue fomentar un nuevo y fecundo ciclo.[4]

Muchos autores, desde Maffesoli hasta el gran erudito Roger Caillois, inciden en estos mismos presupuestos, a saber, que la transgresión es una consecuencia natural de las fiestas y que el fundamento de las ceremonias religiosas es, precisamente, la necesidad de quebrantar las reglas, especialmente las sexuales.[5]

Este frenesí sexual sagrado llega a su culminación con la orgía (ritual de transgresión por antonomasia), la cual aún en

---

[4] Al respecto véase *El fundamento erótico del cristianismo*.
[5] MAFFESOLI, Michel. *De la orgía. Una aproximación sociológica.* Barcelona; Ariel, 1996. p. 57.

contra de lo que pudiera parecer tiene su importancia y utilidad, pues sirve como rito cohesionador de la sociedad.

Ejemplos de sectas religiosas cristianas que han hecho uso de la sexualidad como vehículo articulador para encontrarse con la divinidad y cohesionar su grupo ha habido muchas, y más las que entre sus premisas han tenido prerrequisitos sexuales con sus adeptos, por ejemplo los Adamitas, que entraban en contacto con la divinidad a través del amor físico y espiritual.

En la mística nos topamos de esta manera con mil formas distintas de acercarse a la divinidad a través del contacto carnal, pero si ello no es posible debido a las normas de celibato, lo que encontramos es la sublimación erótica, no sólo en las aparentemente relaciones castas de los sacerdotes con la Virgen, también en las monjas con Jesucristo. El misticismo erótico aún en contra de las apariencias refleja un exceso de vitalidad sexual, por tal motivo el místico no puede contentarse con un amor al uso aquejado de la finitud propia de la vida, sino que aspira a un amor eterno y total, mucho más embargador que la forma de amar de las personas corrientes. En el místico todo es voluptuosidad en su arrebato amoroso con Dios, una vitalidad sexual desbordante y paradójicamente reprimida, pero como se trata de amor y no de odio, de ahí la permisividad para con ellos.

En la figura de la Virgen también sucede lo que comentábamos acerca de la transgresión: ella es la mujer más sagrada que existe, la madre de Dios (*Theotókos*), el elemento prohibido por excelencia. Cuanto más sagrado es algo mayor es la prohibición que recae sobre ello y mayor la herejía que comporta transgredirlo, pero paradójicamente su transgresión tendrá mayor valor sagrado. Esa es precisamente la finalidad del erotismo religioso: sortear lo prohibido -cuyo veto se alza temporalmente durante el rito- y copular; esa es su mayor satisfacción, pues *la fruta prohibida es la más apetecida*. ¿Qué transgresión más eficaz y efectiva existe?; ¿acaso no es más extremo copular con una Virgen que con una mujer casada? ¿No es más diabólico un onanista mariano que otro normal que se alivia pensando en la vecina? Lo sagrado debe respetarse precisamente porque posee un valor consagrado, venerado y puro. El místico hipotético del que hablamos (el onanista en su celda) se comporta pues como en tantos ritos antiguos de transgresión: quebranta la prohibición para aliviarse con lo santo, aunque imaginariamente, lo cual no significa que no ocurra realmente tanto en su mente como en su fisiología y que se recree con dicha realidad (recuerden que los afectos de la mente comportan su correlato físico: psicosomática).

"*Novias* de Jesús" es uno de los apelativos de las monjas. ¿Por qué no otro como compañeras de Jesús, o amigas de Jesús, seguidoras de Jesús, alumnas, discípulas, pupilas...? ¿Por qué precisamente ese término que presupone una futura consumación marital una vez recitados los votos? Sólo el término "novias" ya nos da algunas pistas de la calidad de los lazos que unen a ambos consortes, y es que las monjas se desposan simbólicamente con Jesús. Las metáforas que resultan de tal parentesco son variadas: "una sola carne", "cónyuges", "*sponsae Christi*", "esponsales celestes", "novias", "boda con Cristo"... y no hacen sino confundir todavía más al neófito. El rango de monja es análogo al de una novia que debe consumar carnalmente para ser considerada esposa.

Realmente en plano psicológico y emocional no debemos dudar que estas novias sientan el más inmenso amor por su amante, hasta el punto de que esta unión amorosa algunas veces raye en lo psicopatológico, probablemente a causa de la represión de su sexualidad y de la sustitución del objeto erótico por la figura sublimada de Jesús. También hay que tener en cuenta la posible frustración maternal a la vez que la de su feminidad. (Las anécdotas brutales de niños emparedados y echados a los fondos de los lagos no vamos a tratarlas aquí).

Así pues, a los sufrimientos devenidos por las represiones sexuales deben añadírseles los propios de una maternidad truncada. ¿Qué monja no habrá soñado con un parto virginal al modo de Nuestra Señora? ¿Qué ferviente religiosa no habrá soñado ser santa? (*Quiero ser santa,* cantaba una estrella del pop español) No es descabellado atribuirles deseos inconscientes de ser las amantes de Cristo y tener un bebé en común. Huelga comentar que no pocas religiosas realizaron el rito de amor de Cristo en sus celdas, y de modo similar abundantes religiosos el culto al vientre de la Virgen encinta.

Diversas anécdotas narran historias reales de religiosas dándoles pecho a un Niño de igual forma a los cuadros que reproducen la escena de la *lactatio* donde la Virgen le da de pecho al pequeño Cristo, como si fueran la mismísima Virgen María y su hijo, con la salvedad de que dicho niño era en realidad un muñeco de madera. En verdad bien podría ser una escena sacada de una película de terror. También sabemos sobre el empeño de algunas de estas monjas en comprobar la circuncisión del niño Jesús, pues lo circuncidaron al octavo día de su nacimiento y ese ha sido precisamente un tema que las preocupó mucho.

Nos han llegado historias confirmadas de religiosas con embarazos psicológicos de Jesucristo, e incluso casos donde la maternidad de un neonato fue atribuida al propio Cristo (proyección alucinatoria). Sería largo y tedioso compilar anécdotas de este calibre, así que sólo vamos a remarcar que los encierros en conventos, monasterios y demás, no son el ambiente más adecuado para acabar con la tiranía de Eros y con su dominio, sino todo lo contrario: Eros encerrado se vuelve más poderoso a la vez que enfermizo; no se puede ir contra la naturaleza a no ser que se quiera enfermar: el instinto sexual es natural, y reprimirlo antinatural.

En esencia las fantasías alucinatorias de las monjas con Cristo no difieren respecto de las que tienen los monjes con la Inmaculada: las relaciones íntimas de las monjas con el cuerpo de Cristo son la contrapartida de las relaciones íntimas de los monjes con la Virgen; para ellas es un "dardo de oro largo", para ellos "unos pechos de ciencia muy sabrosa" o una "noche oscura" (para remitir a su útero). Hagámonos una idea: clausura en los monasterios, culpabilidad por los deseos naturales y su consecuente inhibición, renuncia de las necesidades fisiológicas, represión de las fantasías, lo cual provoca precisamente su intensificación porque *la fruta prohibida es la más apetecida*,... Todo parece indicar que la represión podría ser la causa de este desajuste libidinal.

Es sabido que las sectas cristianas que realizaron ritos sexuales o contemplaron sus preceptos llegaron a ser numerosas... y lo siguen siendo. Desde que se fundó el cristianismo algunas sectas tomaron conciencia de la relación entre la divinidad y la sexualidad, y que el modo de unión con Dios no era otro que pasar por un estado erotizado practicando la unión sexual. A modo de dato anecdótico cabe señalar que en el barroco español hubo varios de esos grupos religiosos, y hoy en día, cada poco tiempo se nos informa en los noticiarios as alguna que otra comunidad religiosa acusada de encuentros sexuales ilícitos por parte de sus mandatarios, quienes manipulan a los fieles hasta conseguir tener un verdadero harén de religiosas.

Pero no podemos generalizar y decir que la tónica en los conventos fuera esa. Ver sólo el aspecto erótico y perverso en las intenciones del místico posiblemente demuestre que la obsesión sexual no es la suya sino la nuestra, pues ya se sabe: "cree el ladrón que todos son de su condición". Tampoco podemos atender solamente a la infinidad de ejemplos psicopatológicos de algunos religiosos, aunque si algo queda claro es que no podemos dudar de estos casos que en verdad sí se produjeron, como bien está documentado.

Una cosa de momento parece que podemos entresacar de todo este embrollo, y es que el instinto sexual empapa y entreteje de alguna u otra forma las experiencias "ultrasensoriales" del místico, o sea, que el instinto sexual se haya presente en todas estas manifestaciones ultra-religiosas. Tales semejanzas entre el erotismo carnal y el del místico nos pueden llevar a opinar que la experiencia mística no es sino una transposición de la sexualidad (por represión y sublimación) y por lo tanto tendríamos que concluir que nos encontramos ante una sintomatología neurótica. Dicho esto podríamos zanjar aquí mismo el tema, pero no es tan simple, pues estas últimas opiniones pertenecen al ámbito de la ciencia médica, la cual aquí se opone a las de la religión y ambas posturas confrontan, por eso hay que intentar hallar un punto de encuentro entre ambas. Al respecto es obligado citar el acierto de Georges Bataille:

«Debemos evitar dos escollos: no hay que tender, en aras de un acercamiento, a rebajar la experiencia de los místicos, como hicieron, no siempre intencionadamente, los psiquiatras. Tampoco se debe, como hacen los religiosos, espiritualizar el campo de la sexualidad para elevarlo al nivel de las experiencias etéreas».[6]

****

La mística ha estado asociada siempre a la meditación y la contemplación, y ello remarca precisamente el gozo espiritual que acaece tras la recreación de los sentidos. Los místicos son conscientes de que las experiencias "intelectivas" de la *unyo mistica* se reflejan también en sus órganos fisiológicos de forma sensitiva, es decir, que los efectos espirituales se manifiestan en los órganos corporales, formando una indisoluble unidad entre espiritualidad y carnalidad, revelándose el contacto espiritual como si de un contacto carnal se tratara y demostrando con ello la falacia platónica de la división entre mente y cuerpo, pues el místico sabe sin necesidad de la ciencia médica moderna que el ser humano es un organismo psicosomático, o sea, que lo que la mente cree que le ocurre se manifiesta en el cuerpo.

De este modo la mística es entendida como el intento de materializar la metafísica, pues sus efectos espirituales tienen

---

[6] BATAILLE, Georges. *El erotismo*. Barcelona; Tusquets Editores, 2002. (3ª ed.) p. 250.

expresión análoga en las funciones fisiológicas hasta el punto que todo contacto espiritual culmina con un éxtasis corporal: el arrobo espiritual se manifiesta en el arrobo de los sentidos físicos porque dichas sensaciones psíquicas (espirituales) son desbordadas hacia su correlato físico. Y el éxtasis físico verifica así a su correlato espiritual (arrobo psíquico). Los místicos no cesan de decir que lo vivido por ellos ha sido "visto, oído y sentido con todos los miembros" (Matilde de Magdeburgo). En un místico, lo acontecido en el alma se trasluce en términos análogos en el cuerpo: ¡la beatitud maravillosa que florece en el espíritu del místico florece también en sus carnes!

Al respecto las poluciones involuntarias son buena prueba de ello. Y por si el lector no sabe qué son las poluciones le diremos que no son otra cosa que las eyaculaciones indeliberadas y espontáneas que sufren al recrearse mentalmente en estos asuntos. Por ejemplo: San Buenaventura hablaba de los "manchados por el licor del flujo carnal" (...*in spiritualibus affectionibus carnalis fluxus liquore maculantur*); Santa Teresa y San Juan de la Cruz también comentaron sobre las "manchas" acaecidas por las "afecciones espirituales"; y de igual manera otros religiosos también comentan sobre estos "accidentes" involuntarios. El Padre Louis Beirnaert dice citando a San Buenaventura: «Se trata de algo que (los místicos) consideran como extrínseco a su experiencia»[7]. Y obviamente no extrañan dichas poluciones debido a las equivalencias entre sensualidad y misticismo. Resumiendo: las poluciones son entendidas como un reflejo natural de una afección análoga espiritual. Sentadas estas

---

[7] L. Beirnaert, *La signification du symbolisme conjugal,* p. 380-389. Citado en BATAILLE. *Op. cit.* p. 252.

bases, a estas alturas no podemos aducir ignorancia en la relación entre el erotismo y la mística por parte de los religiosos. Los místicos "sí" saben que el deleite físico de los sentidos es intrínseco al trance místico, aunque no le prestan mucha atención por no ser su finalidad inmediata[8].

La mística contiene un factor erótico, sí, pero una cosa es aceptar ese trasfondo erótico como inherente a la propia naturaleza humana y otra centrarse únicamente en su manifestación como si copara el sentido total de la experiencia mística[9]. Ante tal supuesto cabría decir que la emoción erótica es sólo un componente más del estado arrobado, no su razón de ser. Defender que las sensaciones erotizantes son la finalidad del místico es una opinión simplista y equivocada; no podemos dudar de la voluntad honesta de estos individuos aun a pesar de sus sospechosas alteraciones psicológicas. Alteraciones libidinosas las hay, pero como efecto secundario de su trato directo con Dios. En otras palabras: un místico sufre el "efecto colateral" de la excitación sexual, que aunque no es su intención manifiesta acepta de grado sumo por ser inevitable si se pretende un trato con la divinidad. Dicho estado erotizado es pasajero, es un episodio intermedio de acceso, pero no es su culmen; esa "sensación erótica" es sólo unos de los estadios de ascensión a los cielos (recuérdese que la ascensión mística es un

---

[8] Aquí debemos de hacer un inciso: la "delectación morosa" es una complacencia deliberada en un pensamiento prohibido el cual "no se pone por obra", es decir, que dicho goce "prohibido" no cuenta como pecado. Las ambivalencias y ambigüedades entre la "delectación" y la "tentación" son tan tenues que no vamos a entrar en ellas, pues factores subjetivos como el pensamiento y la intencionalidad del religioso son determinantes.

[9] «La existencia de movimientos sensibles en el trascurso del éxtasis no significa en absoluto la especificidad sexual de la experiencia». BATAILLE. *Op. cit.* p. 231.

acercamiento paulatino a la divinidad). Según Georges Bataille, cabe suponer que en el punto álgido del desposorio místico, contrariamente a lo que su nombre da a entender, no persistirían las sensaciones eróticas, pues diferencias ontológicas separan el erotismo de los cuerpos del erotismo místico.

****

El místico anhela la vida de ultratumba porque allí podrá estar en el cielo al lado de Cristo, de ahí sus deseos de muerte (...*que muero porque no muero*). La paradoja quiere que la muerte que anhela sea precisamente la vida eterna. Sin embargo, se acerca a la muerte de la mano del erotismo, que no es sino una pequeña muerte (la *petite mort*). Pero el camino que lleva a la divinidad contempla inevitablemente un episodio erótico en el que aparece la tentación, la cual puede hacer caer en pecado al místico, lo cual le haría perder el Paraíso y lo enviaría directo a los infiernos. Por tal razón el místico no puede deleitarse ni realizar el acto sexual, pues la tentación erótica que sale al paso en toda experiencia mística le impediría alcanzar su anhelada eternidad. Por lo tanto doble paradoja: la "pequeña muerte" le acerca a la vida eterna, pero cuando puede acceder a esa muerte a través del erotismo (para llegar a la vida eterna) y a través de la tentación, debe alejarse de ella para no provocar la muerte eterna de su alma y no perder el futuro celestial al que ha consagrado su deseo: su Salvación. Ese acercamiento a la muerte a través del erotismo (ilustrado por la enfermiza y sempiterna tentación carnal) no es su finalidad, sin embargo debe acercarse lo máximo posible para escudriñar la vida y la muerte, debe conocer el secreto del erotismo, arrimarse a lo sagrado, asomarse a la puerta pero no franquearla.

Podríamos decir entonces que la mística realmente es una anticipación, un simulacro, una re-creación del Paraíso, ya que el verdadero Paraíso sólo devendrá tras el día de la muerte. Ese anhelo de acercarse a Dios es *Tánatos* revestido de *Eros*, o mejor dicho: son los dos confundidos. El místico debe capear con ambos y no deslizarse hacia ninguno de los dos precipicios; debe contemplar y resistirse al arrebato de *Eros*, pues el erotismo místico pertenece al reino del intelecto. El acercamiento del místico a la muerte es comparado por Bataille como el acercamiento mortal de la abeja zángano a la reina. El zángano, llamado por su instinto acude a su cita con la muerte, pero el místico se mantiene en las puertas, sin acceder del todo, sin morir. En todo caso la acción del religioso es un desafío constante a la muerte que no puede de ninguna manera materializar sin que ello suponga perder su Paraíso, por eso se acerca sólo mediante desplazamientos psíquicos.

Ese es en esencia el místico: un desdichado, un pobre infeliz que anhela la vida de la muerte y no puede por ningún medio ni copular ni ascender al cielo: ni morir ni vivir. Lógicamente un místico no es un libertino reprimido, pues existen muchas diferencias, entre ellas y la más considerable es tanto la intencionalidad como la consecución, es decir, el místico no pretende excitarse y tampoco procura copular; se desvincula de la condición material y por lo tanto de la pareja humana (la pareja sexual contiene inconvenientes que perjudicarían sus experiencias religiosas siempre individuales), por eso se dice que el místico es en este sentido un ser soberano sin necesidades externas.

Generalmente se ha tendido a ver al libertino y al monje asceta como dos polos opuestos. A decir verdad son dos caras de la misma moneda. El asceta y el libertino son enamorados que viven intensamente, unos sus continencias y los otros sus excesos, pero ambos demuestran los puntos en común entre la disipación y la ascesis.

Ha habido a lo largo de la Historia numerosas sectas ascéticas en las que su máxima obsesión ha sido impedir entre sus fieles el acto carnal: señal inequívoca de que su obsesión antisexual se está tornando enfermiza. En la secta rusa de los *skopty* (castrados) se infligían mutilaciones obligatorias a la vez que se castraron para seguir con los dictados de su férrea moral, pues creían que el sexo era impedimento para alcanzar la pureza. Mucho antes que estos, los seguidores de Cibeles ya se emascularon en unos ritos que contemplaban la orgía. Con estas mutilaciones no hacen sino acercarse a su polo opuesto, el del libertino sadomasoquista que ocasiona castigo a sus compañeras y compañeros de excesos. No se diferencia el asceta del libertino si lo que pretende es librarse de su deseo sexual, pues toda prohibición le da más poder a lo que se pretende prohibir: toda prohibición confiere más valor a lo prohibido. O por decirlo con lenguaje popular: *la fruta prohibida es la más apetecida*.

El sensualismo del místico es espiritualizado, perteneciente a la inteligencia y no a la materia: es una inquietud de conocimiento abstracto donde el intelecto es el principal responsable. De modo totalmente contrario, para el libertino, la experiencia erótica está subordinada al encuentro de dos individuos donde queda patente su finalidad: materializar un deseo del intelecto. La finalidad del libertino se concreta y manifiesta en otro cuerpo, interactúa con otro humano, se sociabiliza y no acusa por lo tanto represión ni debería por qué manifestar ningún síntoma neurótico (sabemos sin embargo que no siempre es así).

Las formas en el místico y el libertino difieren: lo individual aísla y enferma (místico), lo colectivo une y sana (libertino). Pero el instinto sexual es el mismo en ambos: uno lo niega y el otro lo acepta, uno lo reprime y el otro lo exterioriza. El místico juega al sexo imaginario y el libertino quiere ver y tocar otro cuerpo. Otra diferencia sustancial es que el lujurioso pretende unos beneficios y su deseo se vuelca en esa tarea; por contra, el místico sabe que una condición fundamental de la unión mística es precisamente el despojamiento de la propia voluntad: el místico no debe desear, sino permanecer indiferente y pasivo para que la unión mística se produzca; no debe calcular el resultado, debe vaciar su alma de todo pensamiento, arrimarse a la nada (las relaciones de la mística con la teoría apofática son evidentes en este sentido). En el lujurioso el momento del acoplamiento dura "*lo que dura dura*", en el místico el momento es eterno, atemporal, perdido en un fragmento de tiempo sagrado no lineal que siempre vuelve a ser el mismo; de hecho, la mística es siempre contemporánea porque reproduce siempre el mismo momento eterno.

Llegados a este punto debiéramos apresurarnos a decir que cualquier comparación entre la lubricidad del lujurioso y el de los místicos carece de seriedad por las grandes diferencias sustanciales entre el erotismo de los cuerpos y el erotismo espiritual del místico (ambos esclavizantes por igual). El erotismo místico ha venido definido normalmente como una ascesis purificadora que sana el espíritu; por el contrario los actos libertinos parecen embrutecer a la persona y emponzoñarlo en una ciénaga neurótica, pues por muy profana que pretenda ser, su sexualidad tal vez no lo sea en el último reducto y necesite sacralizar sus usos, aún a pesar de que su libre moral piense lo contrario. (Tal vez su liberalidad sexual sólo sea una rebelión inconsciente contra lo sagrado).

****

Platón entendía el erotismo, al igual que la mística, como "un impulso vital que asciende"; y en la mística, según Octavio Paz, el impulso sexual no desaparece sino que se transforma. De igual modo comentábamos que a falta de una analogía mejor el lenguaje místico ha tenido que recurrir al simbolismo sexual, y en especial a las descripciones orgásmicas para intentar definir el carácter de ese trance. Vale la pena detenerse un momento en el más que sugerente texto de Santa Teresa sobre la *Transverberación* y comparar sus analogías eróticas.

> «*Veíale en las manos un dardo de oro largo, y al fin del hierro me parecía tener un poco de fuego. Este me parecía meter por el corazón algunas veces, y que me llegaba hasta las entrañas. Al sacarle, me parecía las llevaba consigo, y me dejaba toda abrasada en amor grande de Dios. Era tan grande el dolor que me hacía dar aquellos quejidos, y tan excesiva la suavidad que me pone este grandísimo dolor, que no hay que desear que se quite, ni se contenta el alma con menos que Dios. No es dolor corporal sino espiritual, aunque no deja de participar el cuerpo algo, y aun harto*».[10]

---

[10] TERESA de Jesús (santa). *Libro de la Vida*. Madrid; Cátedra, 1982. Cap. 29, 13. p. 352-353.

Marie Bonaparte compara este pasaje de la *Transverberación* con una anécdota que le contó una amiga, la cual había sentido "la llamada" de Dios e ingresó novicia a los quince años. Un día, arrodillada ante el altar, notó "sobrenaturales delicias" de las que pensó que Dios mismo descendió en ella; años más tarde, al experimentar carnalmente con un hombre, reconoció que aquello que el hombre le hacía sentir era exactamente lo mismo que sintió años atrás ante el altar: un orgasmo.[11]

Santa Teresa se parece a San Jerónimo y a San Agustín en que en su juventud tuvieron apetitos carnales y se hartaron de comer carne (entiéndase metafóricamente). La misma Santa Teresa se compara con María Magdalena y dice que llegó a ser "la peor entre las peores" y "una mala mujer". Hasta su madurez no dedicó su vida a Dios, pasados sus cuarenta años, por lo que bien aprendió a gozar del cuerpo. La "higa" de la santa, el "bálsamo que la penetra hasta los huesos", el "dardo de oro largo" que se le mete por el corazón y le llega hasta las entrañas... son palabras suyas.

Leyendo la *Transverberación* nos apercibimos de la fuerte carga erótica en sus símbolos (por supuesto esta santa también se ocupó en un poema sobre la circuncisión de Jesús). Sin duda, el "dardo de oro largo" remite al mismo simbolismo que las flechas, cuchillos y lanzas utilizados en el arte de la pintura religiosa. El simbolismo fálico de estos instrumentos que abren una herida, que desgarran y penetran los cuerpos, se encuentra en innumerables cuadros donde vemos a *Venus* acariciar la flecha fálica de Cupido, al igual que ocurre con la escultura de Bernini del *Éxtasis de Santa*

---

[11] Anécdota recogida en BATAILLE. *Op. cit.* p. 230.

Teresa[12]. Sólo hay que remitirnos a las no pocas *venus* que existen y ver que la suavidad y la dulzura con que acarician las flechas es la misma dulzura con que la santa acaricia el "dardo ardiente" que, según sus palabras, le *llegaba hasta las entrañas,* hasta el fondo, exactamente de igual modo al verso *"Si te hiero hasta lo más profundo"* de Matilde de Magdeburgo (s. XIII). Esta última religiosa tiene pasajes muy sugerentes como el que a continuación les mostramos:

«*¡Ay, Señor! / ¡Ámame íntimamente, / y ámame a menudo y mucho tiempo! / Pues cuantas más veces me ames, más pura seré. / Recuerda cómo puedes acariciar / el alma pura en Tu regazo. / Consúmalo, Señor, de inmediato en mí.*»

Y la réplica del esposo (Cristo) no es menos elocuente:

«*Amado corazón, reina mía, / ¿qué atormenta tus impacientes sentidos? / Si te hiero hasta lo más profundo, / al momento, con todo mi amor te unjo*».[13]

Ese episodio tan ambiguo ha sido el caldo de cultivo donde han nacido un sinfín de interpretaciones que van desde las absurdas y pueriles de algunos piadosos hasta las más

---

[12] «Una ambigüedad incluso más notable existe en *El éxtasis de santa Teresa,* en el que la santa en éxtasis es también una mujer que está viviendo un orgasmo, y la flecha con la que el ángel está a punto de herirla no es simplemente un emblema del amor divino, sino también un símbolo fálico» LUCIE-SMITH, Edward. *La sexualidad en el arte occidental.* Barcelona; Destino, 1992. p. 82.

[13] Recogido en DESCHNER. *Op. cit.* p. 116 y ss. (Texto estructurado mediante el recurso del diálogo entre amantes, de similar modo a *El Cantar de los cantares.*)

vulgares y denigrantes de los ateos. "La auténtica vivencia de la penetración" -por utilizar una expresión de Evelyn Underhill- ha dado para eso y dará para mucho más, pero huelga decir que ni es un estado completamente asexuado ni es una perversión de erotómanos: ni es lo uno ni es lo otro.

A la poesía de San Juan de la Cruz le sucede algo similar, y por desgracia no tenemos espacio para profundizar en él todo lo que nos gustaría, pues este religioso es el poeta místico más importante en lengua castellana -aún a pesar de tener considerablemente una obra escasa- y a mí particularmente el que más me agrada con diferencia. También utiliza el recurso de los enamorados en su poema las *Canciones de la esposa*, que más tarde se titularía *Cántico Espiritual*. No es casualidad que este *Cántico* venga también bajo el título *Canciones entre el Alma y el esposo,* donde la plática está puesta en boca de la esposa (el alma) que clama por su esposo (Cristo). Todas las "canciones" (estrofas) del *Cántico* contienen una "declaración" del propio autor donde explica los símbolos y las metáforas utilizadas así como las fuentes teológicas donde se sustenta su poesía. Este acto evidencia indudablemente la represión de los censores, de la que tuvo que zafarse así, explicándolo todo muy bien detallado para demostrar que sus recursos literarios eran honestos y en absoluto heréticos. San Juan es literatura religiosa y es literatura erótica; es lo uno y es lo otro, y no se sabe bien dónde comienza y acaba cada cual. También utiliza el recurso de la lactación (muy en boga en aquellos tiempos barrocos) en sus poemas del mismo modo que se utilizó milenios antes en el *Cantar de los cantares*: los versos "*Allí me dio su pecho / allí me enseñó ciencia muy sabrosa*" de San Juan son similares al " *allí te di mis pechos*" del *Cantar.*

Las "*Canciones entre el Alma y el esposo*" no tienen desperdicio.

> «*Alli me dio su pecho; / allí me enseñó sciencia muy sabrosa; / y yo le di de hecho / a mi sin dexar cosa: / alli le prometi de ser su esposa*». (Cántico 27, *fol.* 214, p. 8v.)

El propio san Juan, para eludir a los censores inquisitoriales, alega lo siguiente en su "*Declariō*":

> «*Dar el pecho vno a otro es darle amor y amistad y descubrirle sus secretos como a amigo y assi dezir el alma que le dio alli su pecho es dezir que alli le cōmunico su amor y sus secretos lo qual haze con el alma en este estado...*» [14]

****

Por parte de la psiquiatría y la psicología profunda de la religión, los "fenómenos místicos" o las "experiencias místicas" han sido achacados generalmente a factores neuróticos y psicóticos debido a la represión del instinto sexual. Freud dio cuenta de que la represión de tales instintos (la defensa patógena "ineficaz") es perjudicial para una buena salud psíquica, y que dicha represión de las fuerzas instintivas de carácter sexual es la fuente energética más importante de la neurosis. La sublimación por el contrario sí es una "defensa

---

[14] San JUAN de la CRUZ. *Cántico Espiritual y Poesías (Manuscrito de Jaen; transcripción)*. Madrid; Turner Libros y Junta de Andalucía, 1991. p. 214v-215r. En algunas explicaciones de ciertos versos podemos notar que san Juan intenta atenuar la carga sexual de sus simbolismos obviamente por necesidad de superar el control del censor.

eficaz", porque en ella el impulso sexual transfiere su energía al objeto sustitutorio, no la reprime.

Pero la óptica psicoanalítica pecó de reduccionismo, pues frecuentemente los síntomas que alteran la conciencia del místico fueron asociados a su represión sexual; eso nos dijo la primera psiquiatría: que el trance místico respondía a una necesidad de afecto y autoafirmación, a una necesidad de cariño, y que reflejaba las "necesidades insatisfechas de los impulsos sexuales". En definitiva: se tendió a tratar a la mística como un estado patológico y a los místicos como enfermos mentales en el mejor de los casos; en el peor, como pervertidos sexuales.

Durante mucho tiempo la clave para entender el problema místico ha estado centrada en comprender su sexualidad, sus alteraciones y represiones. Evidentemente antes, con Freud merodeando por los círculos académicos, todo problema tenía una solución explicable por la represión del instinto sexual, por eso se dirigió la mirada hacia la libido[15], la cual aclaró todas las dudas para el psicoanálisis, pues se llegó a la conclusión de que los trances de los religiosos acaecían al rechazar éstos su propia libido (manifestado en el rechazo al mundo exterior) y penetrando ascéticamente en un campo de

---

[15] Es conveniente aclarar brevemente el término "libido": «Libido es una palabra latina retomada por los modernos, que la han transformado en una palabra sagrada e intraducible con la finalidad de subrayar que en la energía sexual hay un resto enigmático, un detrito bestial siempre idéntico a sí mismo, que el *fascinus* no expulsa con el semen, sobre el cual la historia no tiene ascendente alguno.» (QUIGNARD, Pascal. *El sexo y el espanto.* Barcelona; minúscula, 2005. p. 101) «Epicuro fue, en el siglo III antes de nuestra era, el equivalente de Freud en el siglo XX, y la función social que cumplieron sus doctrinas tuvo una difusión similar. La tesis inicial de ambos es la misma: un hombre que no goza fabrica la enfermedad que lo consume. La angustia, añaden los dos, no es más que la libido sexual que flota, se vuelve contra sí misma e intoxica. El parecido no va más allá.

regresión narcisista que les provocaba esos estados placenteros similares a un orgasmo, que según algunos psiquiatras es comparable al éxtasis catatónico de la esquizofrenia. Caso resuelto, pensaron: la represión sexual les provoca esas regresiones, esos ataques místicos. Entonces incidieron en el carácter regresivo de la mística y por ello la consideraron como un conflicto con el mundo materno infantil[16].

Aunque tal y como es de prever no todos los psicólogos piensan del mismo modo. Domínguez Morano opina por el contrario que las afecciones corporales en la experiencia mística tienen una explicación que para nada atiende a cuestiones de represión sexual:

«La corporalidad se hace así metáfora de la misma experiencia espiritual que se experimenta. Sin que ello signifique, tal como desde una llamativa miopía médica tantas veces se pensó, que esa participación del cuerpo venga a constituir la prueba flagrante de la represión y la neurosis. [...] Ello no implica ni mucho menos que esas experiencias intelectuales, estéticas o místicas sean simplemente una formación camuflada o sustitutiva de la sexualidad como tantas veces, desde el campo médico-psiquiátrico se quiso considerar. [...] Si hay auténtica sublimación, el deseo pulsional se ha transformado, ha renunciado a sus primitivos objetivos y se ha abierto al campo de lo simbólico».[17]

---

[16] Al respecto véase Domínguez, C. "La experiencia mística desde la psicología y la psiquiatría". En: MARTÍN, J. *La experiencia mística. Estudio interdisciplinario.* Madrid (Trotta) y Ávila (C.I.E.M.), 2004. p.198.
[17] DOMÍNGUEZ, C. *Los registros del deseo.* Bilbao; Desclée de Brouwer, 2001. p. 250.

Por su parte, la psicología del siglo XX con su empeño empirista pretendió dentro de sus laboratorios provocar estados de conciencia similares al de los místicos. Se recurrió a diversos métodos como el LSD, agitación psicomotriz, etc., que permitieran al nuevo cobaya humano sentir situaciones análogas al trance místico. Es obvio que algunos de estos recursos dejaban al paciente en un estado francamente "alterado", de ello no cabe duda si atendemos a la naturaleza de los psicofármacos utilizados. Las experiencias místicas fueron entendidas entonces como alteraciones psicofisiológicas de un organismo enfrentado al límite de su capacidad, tal como en los estados de ayunos, carencias de vitaminas, hábitats extremos como el desierto o las cuevas retiradas de los eremitas, por no decir las celdas enclaustradas de algunos religiosos. Se experimentó con la privación sensorial simulando sus celdas (lo que nos recuerda que por desgracia se recurrió a este método en presos de Abu Ghraib), y se realizaron experimentos con aparatos mecánicos que intentaban reproducir los mareos a modo de los derviches, quienes entran en trance girando sobre sí mismos a grandes velocidades. Es decir, que se trató de recrear de forma artificial los efectos psicofisiológicos en cuerpos puestos al límite.

Pero el provocar esos estados alterados por métodos artificiales no demuestra nada, pues ese es precisamente su objetivo: alcanzar un estado perturbado por cualquier medio, drogando al individuo o metiéndolo en una máquina que empieza a dar vueltas como llevada por el diablo. No es ninguna proeza provocar artificialmente en un laboratorio lo que otras personas sienten de forma normal. Dicho de otro modo: los místicos acceden al trance de forma natural, ante lo cual sólo cabe cuestionarse por los cambios electroquímicos en el organismo, o sea, sobre el por qué un cuerpo sufre esas alteraciones "naturales". Contestar a esa pregunta sí sería meritorio[18].

Para no dilatarnos más: en el terreno en que nos movemos, todas las alteraciones psíquicas se traducen en alteraciones fisiológicas que apuntan hacia la sexualidad instintiva. De todo ello podríamos aventurarnos a decir: ¿acaso Dios no puede ser concebido y disfrutado sin alteración libidinal?, ¿es precisamente esa alteración psicosomática la única manera de acceder a la divinidad y la que dota dicha experiencia de realidad sagrada?

El arrobo místico contiene un episodio (o estancia, morada, rama, peldaño...) que provoca irremediablemente turbación erótica. La finalidad del místico no es la excitación sexual, pero tal y como dice Octavio Paz, el erotismo del místico es sexualidad transfigurada por la imaginación, y nunca deja de ser lo que es (un impulso sexual). Sin embargo cabe suponer que en la manifestación del trance místico, el instinto sexual es sublimado (hacia la figura de la Virgen o Cristo) y no reprimido, por lo que no podemos atribuirles a la ligera un estado mental "insano". Tal y como dice Domínguez, "Si hay auténtica sublimación, el deseo pulsional se ha transformado, ha renunciado a sus primitivos objetivos y se ha abierto al campo de lo simbólico".

Lo del místico es instinto sexual sublimado, sexualidad simbólica, y no tiene por qué ser perjudicial ni reprimida, sino al contrario: sus legados literarios enriquecen la cultura y con

---

[18] Para lo comentado véase Domínguez, C. "La experiencia mística desde la psicología y la psiquiatría". En: MARTÍN, J. *Op. cit.* p. 189-190.

ella a la Humanidad. ¡Y he aquí la diferencia sustancial que andábamos buscando: los escritos de los místicos, la materialización de la obra de arte! Quizá en este hecho resida la clave para diferenciar la verdadera mística (la que deja restos artísticos) de otros actos simplemente delirantes, paranoicos, demenciales o frenéticos.

Pasamos de este modo a otro concepto subsidiario que ya hemos nombrado y que se da en las experiencias místicas (entendida en términos psicoanalíticos como "regresiones controladas") y que está relacionado con la inspiración religiosa y la creatividad artística: la "sublimación". Se hace ineludible hablar de ella brevemente.

La sublimación podría ser lo que más marcadamente nos separa de los animales, pues supone la capacidad para neutralizar (desexualizar) un deseo pulsional trascendiendo su primera finalidad (que es la sexual) y abrirse a otros campos más vastos donde poder realizarse, generalmente ciencia, arte y religión. La sublimación es un proceso donde las pulsiones instintivas del individuo son reenfocadas hacia metas aceptadas por la sociedad. "Sublimación" se utiliza pues para referirse al desplazamiento de energía psíquica inaceptable socialmente a otra meta aceptable (y también para referirse a la transformación de esa energía descargada)[19]; es la adaptación de un contenido inconsciente y rechazado a un contenido consciente y permitido, posibilitando que lo que era improcedente se vuelva pertinente. Por lo tanto toda sublimación implica unos componentes emocionales y afectivos que son "readaptados"

---

[19] No obstante Ernst Kris prefiere adoptar el término "neutralización" para referirse a esa transformación de energía.

a la vida en sociedad, alejados de sus finalidades primitivas y originales que son las sexuales (pues generalmente comportan violencias y desorden social si no son socializadas).

El término "sublimación" ha sido uno de los más estudiados por toda la psicología post-freudiana, y actualmente quizá de un modo más atinado lo denominan "simbolización". Conviene resaltar que aún a pesar de las posibles diferencias, tanto la sublimación como la simbolización tienen aspectos comunes, como es el hecho de que en ambas se hace necesario una renuncia a los objetos pulsionales primitivos: «Sin renuncia no hay sublimación ni simbolización posible», dice Domínguez Morano. Dicho de otro modo: la sublimación es un proceso psíquico que "desexualiza" los contenidos y energías libidinales.

Llegados a este punto todo parece indicar que la libido debe desexualizarse para que pueda ser posible la sublimación, pues el proceso sublimatorio se nutre de energía libidinal desexualizada y transformada[20].

Adaptando el término al ámbito artístico o místico (considerando a partir de ahora la literatura mística como obra artística), la sublimación es la transformación de una realidad psíquica rechazada en su materialización idealizada, purgada de toda connotación grosera y banal. Generalmente las personas tenemos reprimido el instinto sexual para no perjudicar a la colectividad y vivir en sociedad armónicamente. El artista sin embargo es un individuo que en vez de reprimir esos instintos los sublima dándoles formas aceptables, de manera que lo prohibido pasa a ser tolerado e incluso admirado. Es por eso por lo que si mostramos una

---

[20] Para todo lo comentado véase DOMÍNGUEZ, C. *Op. cit.* p. 241 y ss.

imagen pornográfica puede ser ofensiva a la moral pública por su crudeza, pero una obra de arte aún exhibiendo explícitamente el acto sexual goza de un privilegio social y moral. ¿Por qué? Pues porque se presupone que el artista indagó en lo profundo de su alma para expresar honesta y sinceramente un sentimiento que no cabe reprimir, sino liberarlo poéticamente (esta es en teoría la función catártica del arte).

Los místicos y los artistas son los que saben transformar un acto grosero y execrable en una obra legítima y digna. En eso se basa la sublimación artística: en exaltar, ennoblecer y glorificar algo que en su esencia es visto como denigrante de por sí; idealizarlo, poetizarlo y embellecerlo. (Al respecto véase el capítulo "La inspiración y la creatividad eróticas", en *El intríngulis erótico del arte cristiano*)

La "obra" del místico sufre un trance creativo similar en este punto al que atraviesan los artistas, pues a ambos les acaece una enajenación mental pasajera cuyos efectos se pueden traducir en términos análogos a una fiebre creativa en la que se subliman los impulsos sexuales. Dichos impulsos sexuales, al ser sublimados (transformados simbólicamente y aceptados socialmente) pierden su carácter improcedente y se tornan admirados por las gentes. En caso contrario, de no ser simbolizado o sublimado, la obra del místico no dejaría de ser un acto grosero y repudiable que en poco se diferenciaría de la de un onanista mental.

Las experiencias místicas implican un componente emocional y afectivo de energía libidinal, o sea, psico-sexual. Tal contenido libidinal no es la finalidad del místico, pero para llegar a la unión con Dios se atraviesa inevitablemente por esa etapa en la que mente y cuerpo quedan erotizados. La energía psico-sexual del trance místico es energía sublimada, lo que significa que tal energía instintiva y sexual queda paradójicamente desexualizada. La sublimación y la simbolización no son groseras: son probablemente lo que en mayor medida nos definen como humanos.

LACTATIO BERNARDI Y AMPLEXUS

En este capítulo hablaremos de unos hechos que se dan en el contexto de un éxtasis místico. Este capítulo está dedicado a un santo a quien la imagen de Cristo -tras cobrar vida milagrosamente- le prodigó un abrazo especialmente tierno y a quien la Virgen -también tras cobrar vida su imagen- le dio de beber leche de sus propios pechos: estamos hablando de San Bernardo.

Obviamente el parentesco erótico de estas dos situaciones es más que evidente, exceptuando quien no quiera aceptar que beber del pecho de una mujer contiene cierta carga erótica e incluso psicopatológica (por la regresión a los estadios infantiles que ello implica). Pero para introducir correctamente este capítulo debemos empezar inevitablemente dando un pequeño rodeo y abordar sucintamente una particularidad muy especial que se da en estas escenas: el hecho de que algunas imágenes cobren vida, tal y como asegura la creencia popular, como en este ejemplo citado en que lo hace la Virgen María para dar de mamar a un santo. Dicho de otro modo: debemos analizar qué propiedades eróticas tienen esas imágenes que cobran vida.

Primeramente analizaremos el poder que algunas imágenes tienen para favorecer las experiencias místicas, y después trataremos el hecho de que cobren vida. (No hace falta explicar por qué en este estudio seremos escépticos ante estos hechos milagrosos en los que un personaje de una pintura pueda salirse del cuadro para interactuar con una persona de carne y hueso). Empecemos.

El objetivo del místico es llegar a Dios, lo que generalmente se realiza mediante una ascesis paulatina por la que a través de diferentes episodios o fases el religioso va acercándose poco a poco a la unión mística. Para ello, para obtener esa elevación del alma, la contemplación y la meditación son las armas más efectivas que se conocen, aunque estrategias para alcanzar ese estado de unión espiritual ha habido muchas.[21]

La meditación -y su consecuente ascesis- tiene sus propios recursos para que ese estado "alterado" se produzca; pero también el visionado de imágenes ha sido un método muy recurrido para iniciar ese trance, pues a partir de la visión de figuras el intelecto se eleva hacia las imágenes mentales y, de estas a las espirituales. La técnica que a nosotros nos interesa es obviamente la que utiliza la mediación de las imágenes para alcanzar el éxtasis, sin embargo cabe decir que la legitimación de la imagen en la mística ha sido siempre un tema controvertido, ya que a causa de conflictos iconoclastas han estado continuamente en el punto de mira por ser sospechosas de encender las más bajas pasiones, y no andaban muy desencaminados quienes pensaban así.

---

[21] Por supuesto existen diversos recursos para favorecer la ascesis, y la personalidad del místico es un factor determinante a la hora de la elección de su "técnica". De este modo por ejemplo santa Teresa de Ávila o Heinrich Suso (m.1366) entraban en estados arrobados a través de la lectura y concentrándose en el texto. Estos místicos desdeñaban a los que necesitaban de imágenes visuales para alcanzar el arrobo, y les reprochaban que fueran incapaces de llegar a él por medios intelectuales como la lectura de las Escrituras.

Sea como fuere una cosa queda clara, y es que hablar de mística es hablar de visiones, de imágenes santas que cobran vida y entablan comunicación con nosotros más allá del entendimiento razonado del lenguaje.

En mística, al igual que hoy en día, una imagen vale más de mil palabras, y es justamente esa imagen la que posibilitará la verbosidad ulterior del místico a la hora de describir su encuentro con Dios, cuando se siente a escribir la unión divina que ha experimentado. Pero en el momento del éxtasis lo importante es la imagen mental y el sentimiento que provoca, pues la visión expresa lo que no puede expresarse con el lenguaje, el cual se torna insuficiente para expresar lo "indecible". Tal y como se suele decir: en la mística, la visión supera al lenguaje, el cual carece de palabras adecuadas.

Sólo después del encuentro místico es cuando el lenguaje toma la dirección en los escritos, sólo tras la experiencia inenarrable que únicamente se puede describir mediante fórmulas aproximativas, es decir, el encuentro místico sólo se puede explicar mediante recursos retóricos como metáforas, símiles, símbolos, etc.. (En este punto todos los expertos convergen en que el lenguaje resulta ineficaz e insuficiente para expresar correctamente la unión mística, tal y como siempre nos han recordado los propios místicos).

La explicación sencilla es que las imágenes provocan mayor empatía y son más idóneas para hacernos acceder a través de sus sugestiones a lo invisible, pues es sabido que para entrar en el reino de lo invisible hay que atravesar primero el de lo visible, y que *por lo visible se accede a lo invisible* (*per visibilia ad visibilia*). Así pues, de la esencia material de una imagen pasamos a la esencia emocional y espiritual; por este motivo muchos religiosos han entrado en trance observando algún cuadro. Que las imágenes son potencialmente más efectivas que la escritura nos lo vienen repitiendo desde siglos atrás pensadores de todas las épocas: Horacio (65 a.C.-8 a.C.) dijo en su *Ars poetica* que lo que la mente absorbe por el oído le estimula menos que lo que le entra por el ojo; Dionisio Areopagita (finales s. I) reconoció que la ayuda de las imágenes permite avanzar de lo visible hacia lo invisible[22]; San Gregorio Magno (540-604; Papa Gregorio I) en un alegato en defensa de las imágenes también matizó esta característica[23]; siglos después San Buenaventura (1217-1274) afirmó que por el signo se llega al significado; mientras, santo Tomás de Aquino (1225-1274) igualmente advirtió que las emociones se estimulan mejor con la vista que con el oído... De todo ello se desprende la necesidad del hombre de materializar los símbolos para a través de su contemplación visual ascender al reino de lo espiritual. (Tal vez esa fuera la primera finalidad del arte rupestre).

David Freedberg, notable estudioso, en este punto opina que en cierta manera es lógico, puesto que al no poder percibir a Dios por los sentidos habituales, tendemos a cosificarlo y convertirlo en un objeto por medio de la imagen. Así pues, si bien desde los inicios se viene recurriendo a las imágenes para fines de meditación, a partir del siglo XIII realmente se dieron cuenta del potencial afectivo que puede

---

[22] «A través de las imágenes visibles, somos conducidos, en la medida de lo posible, a la contemplación de lo divino». Dionisio el Areopagita, *De ecclesia hierarchia*, 1.2 (*PG*, 3, col. 373). Citado en FREEDBERG, David. *El poder de las imágenes*. Madrid; Cátedra, 1992. p. 200.

[23] Carta escrita en el 599: «No hacemos daño al querer mostrar lo invisible por medio de lo visible». San Gregorio Magno, *Lib. IX, Epistola LII Ad Secundinum*, en *PL*, 77, cols. 990-91. citado en *Íbid.* p. 199.

despertar la pintura en el espectador. Pero será en el Barroco cuando esa capacidad de sugestión de la imagen sea exprimida al máximo: se multiplicarán los fieles que dirán haber visto a tal o cual imagen sagrada cobrar vida, producto sin duda de la proyección de un deseo imbuido por la extrema religiosidad del entorno, como una especie de epidemia psíquica en la moda mística.

Al respecto existen infinidad de historias que dan cuenta de estas apariciones mágicas, como por ejemplo cuando la Virgen alargó su brazo e impidió que un monje cayera del andamio; o cuando golpeó a una monja que escapaba alevosamente por la noche del convento para reunirse con un amante, y cuyo golpe mariano dejó seca e inconsciente a la monja en el suelo toda la noche impidiéndole reunirse con su mozo y que llevara a término su propósito sexual; otras imágenes lloran sangre u óleos, se mueven, inclinan la cabeza, ofrecen su pecho, nos abrazan.... La tradición tiene registradas muchas historias realmente hermosas que nos cuentan de las reacciones afectivas que algunas imágenes despertaron en ciertas personas. El "amor ante la visión de una imagen" es un tema muy recurrido en toda la literatura universal, desde las *Mil y una noches* hasta los actuales amores idílicos juveniles por los héroes mediáticos altamente erotizados que pueblan la red.

Una historia antiquísima cuenta que una mujer añoraba tanto a su marido ausente que pensando en él sintió deseos de subir a una estatua para besarla, mas al subir notó las partes de la estatua "*erectus ille priapus*" (erecto como

Príapo) y acabó yaciendo con ella[24]. Otras historias narran relatos en que hombres prendados de hermosas estatuas acabaron robándolas para cohabitar con ellas. Pigmalión también se enamora de su estatua, Galatea, que igualmente cobra vida gracias al favor de una diosa[25].

Existen otras leyendas fechadas alrededor del siglo doce que relatan la historia de un joven prendado de una estatua de Venus, a la cual le pone un anillo de compromiso en su dedo pétreo de forma que ésta toma en serio el compromiso del humano e impide en adelante –por un deseo posesivo– que el chico pueda besar a su novia humana. Hay historias similares en las que también se coloca un anillo de compromiso, pero no en una estatua pagana sino en el propio dedo de la Virgen, la cual se le aparece al hombre que se lo colocó cada vez que éste intenta mantener relaciones con su esposa impidiéndole consumar el acto marital. Para Freedberg, «el acto que infunde vida a la estatua de Venus o de la Virgen es la entrega de la alianza y este acto, incluso sin tener en cuenta el simbolismo freudiano, es implícitamente sexual (implica matrimonio y, por ende, lecho nupcial)»[26]. Y en este punto debemos recordar los ejemplos pictóricos de los desposorios místicos, donde vemos a Jesús colocarle un anillo a alguna "novia" suya.

---

[24] Recogido en *Íbid.* p. 368.

[25] Aunque Pigmalión trata de un tema relacionado con el "amor por lo creado" y con el eterno parangón del artista como demiurgo divino, que no obstante no puede dotar de vida por sí mismo a la escultura; es por ello que necesita del favor de los dioses, concretamente Venus, para que la estatua viva. Para un ensayo en autores varios sobre Pigmalión véase TOMÁS, Facundo y JUSTO, Isabel (Eds.) *Pigmalión o el amor por lo creado.* Barcelona; Anthropos, 2005. Vista previa en la web: http://books.google.es/books [a fecha de Febrero de 2009]

[26] FREEDBERG. *Op. cit.* p. 375.

Existe una historia de un joven monje torturado por sus tentaciones carnales al cual sus superiores le ordenaron pedirle matrimonio a un cuadro de Santa Inés para que desaparecieran sus deseos sexuales; después de tal cometido, sus tentaciones desaparecieron, al igual que desaparecen también todas las tentaciones tras un abrazo con Cristo crucificado. Todos estos casos comentados muestran promesas humanas a estatuas que tomaron en serio la proposición de amor del hombre, y por ello cobraron vida para ser amadas por él. Sin embargo, otras veces, a causa de un error el anillo acaba en el dedo equivocado, y entonces las consecuencias son imprevisibles[27].

Existen muchos ejemplos que nos remiten al mismo denominador común: los casos de la mujer que copula con la estatua (donde se demuestra que ha cobrado vida por su erección pétrea); los de San Bernardo mamando leche de una imagen mariana que cobró vida; las de tantos santos que han recibido el "favor tan singular" de Cristo abrazándolos, etc. Todos estos ejemplos evidencian la facultad y la necesidad del humano por investir de vida a una imagen, como si el mero deseo de otorgar la vida y la proyección de nuestro deseo

---

[27] Tim Burton de manera magistral propone un film musical de animación con estos mismos presupuestos: un joven pone sin querer un anillo de compromiso en una rama de un árbol caído, pero cuál es la sorpresa al descubrir que el árbol (similar a una estatua de madera) se transforma en una *novia cadáver* que toma en serio la petición de mano del humano. Esa *novia cadáver* también intenta destruir la relación entre los prometidos humanos a fin de que no consuman el acto marital. A la vista se desprende que las estatuas "prometidas" a un humano son celosas, como el dios Yahvé, e intentan acaparar la sexualidad del humano para ellas solas. Son abundantes los cuentos románticos de esta índole que narran la situación tortuosa de un prometido perseguido por una diosa celosa atrapada en una imagen a la cual le pusieron una alianza en el dedo.

sexual fuese suficiente para realizarlo. Así pues debemos resaltar esta particularidad, y es que tal y como ya habrán advertido, para investir de vida a una imagen la sexualidad del espectador es un factor determinante e imprescindible para que la imagen empiece a vivir. El denominador común de todos estos ejemplos muestra que la proyección nuestro deseo sexual revive a la imagen, a quien hemos dotado de vida precisamente para aliviar nuestra excitación erótica en ella.

Tras este breve recordatorio de cómo el deseo sexual humano es capaz de provocar que las imágenes cobren vida y nos alivien el ardor, pasamos ahora a tratar sus ejemplos más típicos en el arte cristológico.

****

Representaciones de la divinidad cristiana ha habido de muchas y diversas maneras. En general podemos agruparlas en dos bloques definidos: la del Dios vengativo y la del Dios del amor. En las primeras, el sujeto vidente, ante un espectáculo tan abrumador se siente temeroso de Dios; en las otras sin embargo el sentimiento de amor embarga al visionario, pues tiene lugar una manifestación del Eros místico. Entre estas últimas manifestaciones de amor clasificamos las trasverberaciones, los abrazos místicos (también llamados *amplexus*) y las lactaciones.

La trasverberación (*transverberatio*) es lo que aconteció a Santa Teresa de Jesús, que fue herida con un "dardo de oro largo", traspasada. Transverberación se atribuye a la "acción de herir pasando de parte a parte" (D.R.A.E.), tal y como el ángel con el "dardo de oro" lo hizo con el cuerpo de la santa (*me parecía meter por el corazón algunas veces y que me llegaba hasta las entrañas*), pero no son en absoluto frecuentes estos casos.

El *amplexus* es otra manifestación de lo sagrado donde Cristo se le aparece a algún santo y ambos se funden en un amoroso abrazo, lo cual alude a la unión mística que está teniendo lugar. El *amplexus* es pues una figura simbólica que representa la unión mística.

Y la lactación de San Bernardo (*lactatio Bernardi*) es como su nombre indica la toma de leche del pecho de la Virgen: representación simbólica para remitir a lo sagrado (hierofanía), y donde dicha unión con lo sagrado tiene como consecuencia la entrega de dones y gracias al humano, los cuales le son inculcados precisamente por beber la leche de María.

No vamos a tratar aquí la *transverberatio;* sí los otros dos grupos: *amplexus* y *lactatio,* pues ambos se dieron en este santo tan especial que es el que lleva el hilo conductor de este capítulo. Empecemos con el tierno abrazo entre Cristo y algún santo: el *amplexus.*

Hay abundantes ejemplos pictóricos del *amplexus* en el arte barroco español, como el caso de Murillo (*Visión de San francisco*, 1668; Sevilla, Museo provincial), el de Francisco Rivalta (*Cristo abrazando a San Bernardo,* h. 1620-1625; Madrid, Museo del Prado), etc. Un número tan considerable que lleva a deducir su buena aceptación social. La iconografía popular ha tendido a representar a San Bernardo abrazado a Cristo en la cruz como alusión a su *unión mística*. El hecho está extraído de una leyenda escrita que cuenta que un fraile observó al santo en cuestión orando en una iglesia cuando de repente se le apareció un crucifijo con Cristo; inmediatamente el santo abrazó la figura de Cristo y un momento después Éste despegó sus manos clavadas de la cruz e hizo lo mismo con el santo, lo abrazó. Y obviamente casi todos los cuadros religiosos representan ese justo momento tan singular: el abrazo entre San Bernardo y Cristo.

Esta forma de establecerse pictóricamente la escena a partir de fuentes documentales escritas se denomina "*hypotiposis*", es decir, que determinadas pinturas que muestran episodios de santos han sido adaptaciones iconográficas de un texto devocional escrito. De esta manera las narraciones piadosas del santo (hagiografía) pasan a su repertorio icono-hagiográfico, y entonces se pintan las hazañas de sus narraciones [28]. En otras palabras: algunos cuadros representan lo que está escrito en los textos religiosos. Parece ser que es exactamente esto lo que ocurrió con la historia de San Bernardo, aunque en realidad todo fue objeto de un gran malentendido. La clave de todo este error es la siguiente:

San Bernardo (1090-1153) escribió un comentario famoso acerca de un versículo bíblico del *Cantar de los Cantares* que

---

[28] Sobre el proceso de "*hypotiposis*" nos ilustra Román de la Calle: *Hypotiposis* es un «salto de la alegoría a la narración biográfica del mismo santo y de ahí al repertorio iconográfico». Calle, Román (de la). "Lo sagrado. Retórica de lo inefable". En: G. CORTES (coord.). *Intertextos y contaminaciones: contemporaneidad y clasicismo en el arte*. València; Direcció General de Promoció Cultural, Museus i Belles Arts, 1999. p.80. De forma contraria, la *Ekphrasis* es el proceso por el cual a partir de la imagen artística se compone un texto literario. (*íbid.* p. 64-66.) Algunas veces se crea como un círculo que se retroactiva a sí mismo, como en el caso de Jacinto Verdaguer, donde una poesía es creada a partir de la imagen de un *amplexus*: «De la creu enamorat / jo ab tot mon sér m'hi abraçava; / mentres m'abraço ab la creu / a mi'l bon Jesús m'abraça».

reza así: «está su izquierda bajo mi cabeza / y su diestra me abraza» (*Cant.* 2, 6. y 8, 3.). Obviamente el sentido literal de este versículo expresa sólo un abrazo entre amantes (entre Salomón y su amante), aunque San Bernardo identificó erróneamente a la amante de Salomón como a la Virgen: se equivocó San Bernardo. Pero ese error se adecuó perfectamente a la iconografía cristiana y se utilizó para representar la unión mística de los santos con Cristo.

Amplexus es el abrazo entre el fiel y la divinidad, y simboliza la unión mística: es una imagen simbólica que remite a la unión, pero no la representa exactamente, es decir, no hay que entenderlo de manera literal como si de verdad se dieran un abrazo, pues ese abrazo sólo es un recurso aproximativo y retórico para representar la unión mística. Repetimos: el abrazo del *amplexus* es un recurso retórico para representar la unión mística, pero no significa que en verdad se dieran un abrazo. El prototipo del *amplexus* se encuentra como hemos dicho en esos versículos del *Cantar,* y su concreción iconográfica ha sido debida -como bien apunta Román de la Calle- gracias a un proceso de *hipotiposis,* o sea: el *amplexus* es la adaptación pictórica de una narración escrita, es una reproducción del prototipo del abrazo divino del *Cantar de los Cantares,* abrazo que, desechada su interpretación literal, expresa en sentido alegórico la unión mística.

Victor Stoichita remarca la "peculiaridad tan especial" de estos abrazos, o sea, sus posibles implicaciones eróticas[29].

---

[29] Sobre los abrazos místicos (*amplexus*) véase STOICHITA, Victor Ieronim. *El ojo místico: pintura y visión religiosa en el Siglo de Oro español.* Madrid; Alianza, 1996. Sobre todo los capítulos "Abrazar al verbo encarnado" y "Un favor tan singular".

Para demostrar dicha particularidad erótica se vale de la figura de otro santo, San Antonio, y de la aparición del niño Jesús mientras éste predicaba por Francia, y cuenta las dos leyendas diferentes que la tradición popular narra del mismo suceso (y por lo tanto representadas pictóricamente de maneras diferentes).

En la primera leyenda se nos dice que un feligrés ofreció techo al santo para que pernoctara, y vio, furtivamente esa misma noche al santo en compañía de un niño, acariciándolo y abrazándolo muy tiernamente[30]. La otra fuente es parte de una leyenda que cuenta que el santo estaba predicando sobre la Encarnación cuando de repente descendió el Niño y se posó sobre su libro.

Sobre estas dos narraciones, el dictado de normas iconográficas de la Contrarreforma obligó a representar el pasaje de la aparición del Niño sobre el libro y no el del abrazo nocturno con el santo, pues el pasaje de un mirón espiando por la noche un encuentro altamente cariñoso entre un adulto y un niño podía resultar sospechoso y contrario a los intereses de la Iglesia por motivos obvios[31]. Pero aún con las prohibiciones que vetaban este *tipo* iconográfico, existen ejemplos de este período donde se representa la *unión mística* de San Antonio abrazando íntimamente al Niño, por ejemplo el de Pietro Bardellino en su obra *San Antonio de*

---

[30] Este hecho sería considerado al menos "sospechoso" a la luz de hoy en día. La pedofilia y sus implicaciones psicopatológicas a través de la historia en la iconografía cristológica no serán tratadas en este trabajo. Sería sin embargo un interesantísimo tema de estudio.

[31] «En el primer episodio se conforma el tema de la unio mystica, con su carácter secreto y la pulsión escópica de lo profano ante el acontecimiento; en el segundo, en cambio, la epifanía es pública: las caricias no se mencionan y el libro se muestra como el objeto que atrae la visión.» STOICHITA. *Op. cit.* p. 118.

Padua, 1800 (Abadía de Montserrat); Miguel Jacinto Meléndez, también con el título *San Antonio de Padua,* 1732 (Museo de Bellas Artes de Asturias); o en la catedral de Burgos, que existe una pintura de Fray Juan Rizi titulada *San Antonio de Padua y el Niño Jesús* (s. XVII) donde vemos el abrazo místico entre el santo y el Niño, y a la derecha de la composición se encuentra el *voyeur* que furtivamente espió dicho encuentro.

Que el *amplexus* tiene implicaciones psico-sexuales no cabe duda, pues Cesáreo nos narra cómo el abrazo de Cristo acaba con las tentaciones carnales del hombre a la vez que le reporta una paz absoluta. El aserto de que tras el abrazo se difuminan los deseos sexuales y que se llega a una quietud beatífica es realmente asombroso por su semejanza con lo acaecido tras el clímax sexual, con la calma típica de la *petite mort* y el período refractario, o sea, el orgasmo y su posterior relajación. Eso parece ser que sucede más o menos con el *amplexus:* una unión suprema e indecible cuyo colofón es una paz interior plena. Por supuesto las implicaciones eróticas del *amplexus* no tardan en aflorar, y así por ejemplo Cesáreo escribió lo siguiente al respecto:

> «Nuestro Señor Jesucristo, Esposo de toda la Iglesia, se apareció a otra de las hermanas de nuestra orden, cuyo nombre no deseo revelar, en un momento en que sentía una fuerte tentación y, a través del abrazo que recibió, toda su confusión se tornó en paz absoluta. [...] vio ante él al propio Jesucristo –o mejor dicho a Jesucristo como si bajara de la cruz. Todo misericordioso separó luego los brazos de la cruz y

abrazó a su siervo, estrechándolo contra su pecho como a un ser querido, como muestra de amistad. Lo atrajo hacia Él y este abrazo destruyó incluso sus tentaciones más fuertes».[32]

Como no podía ser de otra manera, un abrazo que representa una unión mística tiene por necesidad que contener correspondencias eróticas, pues tal y como hemos visto en el capítulo precedente la experiencia mística atraviesa inevitablemente por un estadio en donde el cuerpo físico queda erotizado. Conviene asimismo tener en cuenta también que en la voluntad de Cristo de abrazar al humano se está transmitiendo su disposición de ofrecer amor. Por tal motivo no es exagerado decir que mediante el *amplexus* Cristo infunde por contacto carnal las valencias eróticas inherentes a toda unión mística.

Una particularidad verdaderamente importante del *amplexus* es el hecho de que parece ser que está reservado en su gran mayoría y generalmente (salvo excepciones contadas) para santos varones, pues en el caso de mujeres se suele recurrir a la representación del *matrimonio místico,* en el cual Cristo coloca un anillo a la santa. Que el *amplexus* esté reservado casi exclusivamente a santos varones se puede constatar acudiendo a la tradición iconográfica, donde raras son las excepciones en que vemos a mujeres acceder a este

---

[32] Cesáreo, *Dialogus,* dist. 8, cap. 16 (anécdota de la monja); y cap. 13 (anécdota del monje). Citado en FREEDBERG. *Op. cit.* p. 347. Existen numerosísimas historias lúbricas de conventos y monasterios así como de las artimañas utilizadas por los feligreses para engañar y yacer con las monjas. Se pueden encontrar libros anecdóticos donde recogen multitud de estos ejemplos lujuriosos en los que prima la picaresca.

"abrazo singular", pero valga mencionar algunas de estas excepciones como por ejemplo la pintura de Gaspar de Crayer de *Santa Lugarda abrazada por Cristo crucificado* (1653, Amberes). Otro ejemplo es el de la mística italiana Ángela de Foligno (1248-1309), la cual lo narra de esta forma:

> «Una vez miré la cruz con el Salvador y así como lo miraba con ojos corporales mi alma de repente se encendió con un amor tan abrasador que también los miembros de mi cuerpo sintieron ese amor con un fuerte placer. Miraba yo y sentía como Cristo abrazaba mi alma con sus brazos crucificados y me estremecí con un placer aún mayor de los que había gozado jamás antes».[33]

Como decimos, son rarísimas las excepciones donde Cristo abraza a una mujer. Así pues, a sabiendas de la especificidad de género masculino que comporta el *amplexus,* el cual está limitado a expresar el amor entre santos varones y Cristo, cabría preguntarse realmente si el *amplexus* implicaría a nivel psico-sexual una valencia erótica, en este caso una afección homoerótica, es decir, un instinto homosexual en latencia.

Podría ser que reflejara una tendencia inconsciente homosexual velada por la religión y sublimada en el amor a Dios. Y en este punto no debemos olvidar que toda sublimación se basa en un velo eufemístico que torna aceptable algo que por su cariz violento y sexual es rechazable; generalmente la sublimación oculta los contenidos sexuales inconscientes y rechazados socialmente y

---

[33] Recogido en RUBIA, Francisco J. *La conexión divina. La experiencia mística y la neurobiología.* Barcelona; Drakontos, 2010. p. 143.

los transfigura en formas religiosas o artísticas volviéndolos aceptables por la sociedad.

Este parece ser que es el caso de tantas pinturas cristológicas en donde se nos muestra a través de distintos simbolismos un instinto sexual sublimado, enaltecido y embellecido, aunque no por ello deja de reflejar lo que es: la proyección sublimada del instinto sexual hacia la divinidad.

****

Pasemos ahora al tema de la *lactatio*, tipología que tiene, entre otros antecedentes iconográficos, a las imágenes de la *Caridad romana* (también llamada *Piedad romana*) que tanta aceptación tuvieron. En aquellas imágenes romanas se representaba el sentimiento de piedad filial, extraído del relato en que el desnutrido y anciano Cimón es alimentado en prisión por su propia hija, que lo amamanta de su pecho. (Rubens tiene un ejemplo magnífico de este pasaje). Pero no sólo el paganismo registra este *tipo* donde un adulto mama directamente del pecho de una joven, pues esta misma acción se desarrolla también en el ámbito cristiano, concretamente otra vez en la figura de San Bernardo de Claraval: artífice del gran auge en el culto a María que se dio en los siglos XI-XII, y aún después de muerto, gracias en parte a las pinturas que lo representaban tomando leche de los pechos virginales, pinturas muy numerosas y fáciles de encontrar por cierto. Pero no vamos a emprender aquí un análisis iconográfico sino sólo brevemente los aspectos ideológicos a los que apunta.

Actualmente se acepta que el origen del simbolismo de la lactancia de este santo se encuentra en el manuscrito de Bernardo de Claraval (*Sermones sobre el Cantar de los Cantares*), posible origen del tipo iconográfico que muestra al santo bebiendo *la leche de la dulzura inefable.* Es decir, que otra vez se ha construido la imagen a partir del texto devocional escrito. Este texto se encuentra en un manuscrito del siglo XIV donde se menciona el famoso episodio milagroso, y dice así:

> «[El abad] le ordenó que predicase ante el obispo de Chalon. San Bernardo se excusó, pero el abad no quiso sustituirlo. Cuando estaba en oración ante Nuestra Señora, se adormeció. Y Nuestra Señora le puso el santo pecho en la boca y le enseño la Divina Ciencia. Y desde entonces fue uno de los más sutiles predicadores de su tiempo, y predicó ante el obispo».[34]

En otras palabras: su abad, por malicias y para dejarlo en evidencia, obligó a San Bernardo a que predicase un sermón ante un personaje importante a sabiendas de la poca elocuencia de este santo iletrado; San Bernardo se negó pero no pudo oponerse; por la noche y a solas rezó en su celda a la Virgen temeroso ante lo que se le avecinaba, pidiendo que lo ayudase llegado el momento; ante sus ruegos se le apareció la Virgen que le dio de su pecho, y desde entonces gozó de una insuperable retórica para asuntos teológicos, por eso se dice que "la leche divina da el don de la elocuencia".

---

[34] Bernardo de Claraval *Sermones sobre el Cantar de los Cantares.* Citado en STOICHITA. *Op. cit.* p. 125.

Existen diversas fuentes escritas donde se puede extraer la idea de que la *lactación del esposo* (en este caso San Bernardo) es una alegoría de lo que se manifiesta en el interior del creyente, en su corazón, el cual recibe los dones de la *Divina Ciencia*. Entre estos dones destacan la capacidad de entendimiento de la ciencia divina y el de la elocuencia. Pero sucede aquí lo mismo que comentábamos antes al hablar de *hipotiposis* (es decir, cuando tipo iconográfico se crea a partir del texto literario), y entonces se representa la escena según los parámetros de las fuentes escritas. Es por ello que los simbolismos utilizados en los textos y los representados en los cuadros son los mismos. Dicho en otras palabras: San Bernardo hizo referencia en sus múltiples homilías a la leche mariana como alimento espiritual, aunque de forma simbólica y no literal, utilizando para ello expresiones del *Cantar de los Cantares*, pero estos símbolos literarios pasaron a representarse como símbolos iconográficos en las pinturas, las cuales mostraban la lactación como recurso aproximativo para representar la infusión de la ciencia divina, pero sucedió que los fieles se tomaron sus palabras literalmente e insertaron el simbolismo de la lactación en su narración hagiográfica como si se tratara de un hecho sucedido realmente.

Con frecuencia los símbolos son tomados literalmente por los fieles y, aunque el santo recurrió a ellos para las explicaciones alegóricas en sus sermones, fueron tomados como sucesos reales por la devoción popular. Las expresiones del *Cantar* son altamente sugerentes en tanto que recurren a un lenguaje erotizado, sin embargo, San Bernardo sólo pretendía transmitir con el símil de la lactación "la infusión de la divina ciencia", la cual reporta el don de la elocuencia para las cosas santas. Y en este mismo contexto debemos situar también la poesía mística de San Juan de la Cruz, cuando aludía a la lactación de la Virgen en las *Canciones entre el Alma y el esposo*: "*Allí me dio su pecho / allí me enseñó ciencia muy sabrosa*". (*Manuscrito de Jaen*, 27, *fol.* 214).

Resumiendo: la imagen de la lactación es una figura retórica que remite a la infusión de la Ciencia de Dios, es una alegoría que alude al hecho de que se ha despertado en el creyente la capacidad de entendimiento para las cosas divinas; y en ningún momento se debe interpretar literalmente como si se tratara realmente de la lactación de un pecho femenino.

El recurso de la lactación representa pues la unión mística, como también se empleaba el símil del abrazo (*amplexus*) para remitir a tal unión, aunque evidentemente el *tipo* de la lactación es visualmente más erótico que el mero abrazo del *amplexus*, pues aquí se insertan elementos que por su naturaleza son zonas erógenas, como los pechos y el hecho de beber de ellos con la boca (ambos —boca y pechos- son zonas erógenas). No obstante el lenguaje empleado es el típico y el ideal para expresar la unión mística: un lenguaje erotizado, un diálogo entre amantes, unos pechos que nos muestran la única forma simbólica correcta para expresar lo que significa la unión con Dios, que por tradición es una unión análoga a la unión sexual entre humanos.

****

Los *Sermones sobre el Cantar de los Cantares* son el origen del tipo iconográfico de la *lactatio,* la cual expresa la ciencia infusa de Dios durante la unión mística. Esta lactación se ha representado tradicionalmente mediante un chorro de leche, situando al santo a una distancia prudencial respecto del pecho. Pero no siempre fue así, pues se llegó a representarlo mamando con su boca en contacto directo con el seno mariano. Existen imágenes (como una miniatura anterior a 1330) que nos muestran al santo tomando la leche y chupando del pecho con su boca al igual que los bebés; pero este *tipo* iconográfico escasea por razones de pudor obvias, ante lo cual se eligió el recurso del chorro a distancia, sin contacto físico, sin chupar los pechos de una mujer tocándolos con la boca, y así purgar a la Virgen de toda contaminación y deseo sexual. (En España el *tipo* de la *lactatio* fue popularísimo en el siglo XVII).

A estas alturas tal vez podamos estar convencidos de que la escena de San Bernardo bebiendo leche de la Virgen es casta en su sentido más íntimo, pues sólo es un recurso retórico de la unión mística y no hay que entenderlo en sentido literal sino simbólico. Sobre dicha escena nos contaron que representaba una hierofanía donde se le transmitía al santo diversos dones como el de la elocuencia y el de la divina ciencia. Sin embargo no nos dijeron nada acerca de las implicaciones eróticas que comporta tal acto: no nos explicaron que la lactación se relaciona con la primera forma de satisfacción sexual en los humanos (corroborado por el psicoanálisis que la succión de leche por un bebé en su etapa pregenital es análoga a una satisfacción sexual adulta); tampoco nos contaron que la lactación de un varón adulto difiere notablemente de la de un niño, pues el adulto no tiene inocencia sexual como un bebé y además es perverso.

En un varón normal y maduro ese acto despierta indiscutiblemente apetito de una satisfacción erótica inmediata; eso se supo desde un primer momento y no obstante conservaron ese *tipo* iconográfico. ¿Por qué? Sea como fuere una cosa conviene remarcar: unos pechos desnudos de una mujer "siempre" provocan en nuestra civilización un efecto psicosexual ya sea en un niño como en un adulto, tal y como bien advierte Freedberg.

Los límites relativos al decoro o la moral pueden variar un poco dependiendo de la educación y el entorno, pero los órganos genitales y las zonas erógenas alteran nuestra libido en esta nuestra cultura occidental, por eso los pechos conservan su atractivo sexual y excitan el deseo, máxime si se muestran unos pechos idealizados estéticamente hasta el límite de la perfección, tal y como siempre pretendieron los artistas a la hora de representarlos: pintar los pechos más hermosos igualando así el estatus de perfección que se pretendía para la Virgen María (del mismo modo que también se pretendió la representación de un cuerpo sublime en la figura de Jesucristo).

Mostrar los pechos de la Virgen provoca indudablemente una reacción sexual en el espectador, por mucho que esa imagen sea sólo un recurso retórico para remitir a la unión mística, y si el santo está mamando con su boca en contacto directamente de su pecho la turbación erótica provocada (aunque sea esta inconsciente) resulta mayor.

****

Tal y como sucedía en los casos milagrosos en que algunas imágenes eran capaces de cobrar vida, también el *tipo lactatio* tiene sus ejemplos en los que la imagen de la Virgen cobra vida y sus pechos son el motivo central de la narración. Ejemplo al caso es la historia de un sarraceno que ni creyendo en Jesucristo ni siendo cristiano amaba muchísimo la imagen de una Virgen, por lo que una vez mientras meditaba se apercibió que sus pechos empezaron a tomar forma y volumen, de los cuales manaba aceite como si fuese una fuente.

Algunas otras historias refieren a lo que ya hemos comentado de que la leche manada del pecho de la Virgen es de una dulzura extrema y comporta el don de la Divina ciencia, como el relato de *Libri VIII miraculorum,* lib. 3, cap. 23., donde un monje iletrado después de mamar del pecho mariano se convirtió en erudito. Otra leyenda nos cuenta que un monje enfermó por un extraño bulto en la garganta, cuando empeoró tuvo una visión en que la Virgen le limpiaba las heridas y, cogiéndose un pecho con todo cuidado se lo puso dentro de la boca del santo tiernamente y lo sanó al instante.

En todos estos ejemplos las implicaciones psicosexuales en torno a la Virgen son evidentes, en donde ella encarna el prototipo perfecto de amor materno y sexualidad juvenil. Freedberg opina lo siguiente:

La Virgen María «era la bella hermana y esposa del *Cantar de los Cantares* y la madre que podía aplacar la cólera de su Hijo y juez recordándole los pechos que le alimentaron de niño. Todos conocían estas facetas de la Virgen y, por ende, se convirtió en el foco de un gran atractivo sexual. El deseo sexual dirigido a mujeres de este mundo se desplazó convenientemente hacia ella».[35]

Para corroborarlo sólo hay que leer los relatos de tantos monjes donde la Virgen queda sublimada y sustituye el deseo sexual activo y original (y pecaminoso) por una imagen espiritualizada donde la carnalidad queda reprimida pero intelectualizada, evitando de esta manera los tan temidos remordimientos de culpabilidad ante el deseo sexual.

La Virgen ha sido el centro donde volcar y sublimar los deseos libidinosos; hasta tal punto despertaba en aquellos fieles el deseo sexual que Vasari narra la historia de un ciudadano florentino que acudió a Toto, un pintor de marionetas, para que le pintara una Madona modesta ¡que no incitara al deseo! Ante tal encargo Toto no vio otra solución que pintarle una Virgen con barba. Otra historia no menos cómica relatada también por Vasari cuenta que un "simplón" le pidió al mismo Toto un crucifijo "para el verano": Toto le pintó a Cristo crucificado con pantalón corto.[36]

Ironías aparte, lo que realmente se entrevé en estas anécdotas no es el desparpajo de Toto ni sus soluciones caseras, sino el temor ante el deseo de poseer a la Virgen, miedo de caer en la tentación y pecar en solitario por culpa de las travesuras de una imaginación perversa ante una Virgen

---

[35] FREEDBERG. *Op. cit.* p. 361-362.
[36] Recogido en *Íbid.* p. 364.

que excita sexualmente y cuyos afectos hacia ella son de sobra conocidos, pues es símbolo de la virtud, principal cualidad de la feminidad para el varón. Sólo la tal posibilidad de ese pensamiento pecaminoso y su recreación gozosa es ya una tentación para el monje, un *ticket* para el infierno.

La Virgen despierta el deseo, un deseo prohibido, o sea que comporta la máxima transgresión, por eso tiene tanto poder de atracción, porque siempre ansiamos transgredir la prohibición, al fin y al cabo si es sagrada significa que es en ella en quien debemos transgredir la prohibición, pues ya sabemos desde el *Génesis* y desde Adán y Eva que toda prohibición debe ser transgredida. (Toda fiesta religiosa se inscribe dentro de un círculo sacrificial en el que son suspendidas las prohibiciones y por lo tanto transgredidas temporalmente). Es por ello que en la Virgen algunos místicos operan una transgresión sexual de orden intelectualizado, sin concretar en obra.

Aunque la Virgen encarne el principio femenino virtuoso (al contrario que Eva) y aunque su virginidad esté fuera de toda duda, el hecho de fomentar y profesar un amor incondicional hacia ella provoca que los sentimientos más mundanos y carnales afloren sin remedio. Y es que del amor espiritual al carnal hay sólo un paso, y su barrera es tan difusa que no se sabe dónde empieza y termina cada cual. La Jerarquía debiera saber que el instinto sexual mueve el mundo y que por mucho que se intenten espiritualizar los ídolos, nuestra psique continuará ejerciendo las mismas presiones libidinales sobre ellos, no en balde el origen del término "ídolo" posee connotaciones eróticas demostrables si acudimos a la tradición pagana y a los textos religiosos cristianos antiguos.

Tanto empeño puso la Jerarquía en que deseáramos fervientemente las cualidades espirituales de la Virgen que se olvidaron que el deseo del espíritu muda siempre hacia el deseo de la carne: "La mirada sensual empieza con una mirada espiritual", decía Freedberg. Pretendieron que amásemos con el cuerpo y el alma a la Virgen y así sucedió, tanto con el alma como con el cuerpo. No supieron prever que un amor ejemplar, idealizado y espiritual transfigura tarde o temprano hacia su forma original: hacia el deseo sexual en tanto que instinto propiciatorio de la vida y fundamento de las creencias religiosas. (De hecho no es difícil demostrar que el instinto sexual se haya implícito en el origen de las religiones)

La Virgen es el amor sublimado, una imagen construida según los parámetros del deseo masculino y su prototipo perfecto, pero como tal también recibe nuestros deseos oscuros, aquellos que se sirven del goce del cuerpo y del intelecto perverso. La Virgen es un ídolo femenino que no puede abstraerse de ser también un ídolo sexual (pues todo ídolo posee siempre una esencia erótica), por ese motivo es receptáculo de perversiones y no sólo de plegarias. Ya lo dijo Calvino en su día:

> *"el hombre nunca se pone a adorar las imágenes en las que él no haya concebido una fantasía carnal y perversa".*

(Por supuesto es obligado mencionar que Calvino era manifiestamente iconoclasta, lo que significa que rechazaba el uso de las imágenes.)

Si la Virgen no despertara el deseo no daría cuenta Vasari del hombre que encargó a un pintor una Virgen que no excitara su deseo; de no ser así no aparecería en sueños poniendo sus pechos en la boca de los hombres ni los besaría en los labios; si no excitara el deseo no desnudaría su pecho el Niño Jesús en tantas pinturas para que nos regocijáramos mirándolo; no le dedicarían estrofas de amor en la poesía mística, no le estaría dedicado todo el gran fervor mariano. Y por el contrario, todas las historias que dan cuenta de que la Virgen domina los deseos carnales de los hombres y les impide copular, no hacen sino confirmar que es una proyección de la propia psique humana que pretende construir un dique de contención frente los impulsos sexuales que por educación religiosa se han entendido como pecaminosos.

En este punto es de rigor citar los *Milagros de Nuestra Señora* de Gonzalo de Berceo. En el capítulo titulado "El novio y la Virgen" se nos cuenta lo mismo que veníamos anunciando antes: que la Virgen impide de una manera u otra que un hombre llegue a consumar con su novia, sea entorpeciéndolo en el mismo momento en el lecho o como aquí, haciendo que el novio le dedique su vida a la Virgen, pues ésta se siente novia de él y le demanda castidad.

En el susodicho capítulo se cuenta que el novio amaba mucho a la Virgen (*ésti amóla mucho, más que muchos cristianos*) y no cesaba de rezarle y alabarla *siempre e cada día*. Sin embargo tuvo que casarse, aunque antes de la boda, asustado, se refugió en una iglesia y la Virgen le dijo:

> *Assaz eras varón bien casado conmigo, / yo mucho te quería como a buen amigo; / mas tú andas buscando mejor de pan de trigo, / non valdrás más por eso quanto vale un figo.*

Las bodas no obstante se realizaron (*Ovieron grandes bodas e muy grand alegría*), pero antes de consumar en el lecho nupcial el novio se escapó (*los brazos de la novia non tenién qué prisiessen / Issióseli de manos, fússoli el marido*); y según cuenta la leyenda, no saben dónde fue, pero se piensa que dedicó su vida y su castidad a la fe (*Creemos e asmamos que esti buen varón / buscó algún lugar de grand religïón, / y sovo escondido faciendo oración, / por ond ganó el alma de Dios buen galardón.*) [37]

Los actos contemplativos en torno a la Virgen reflejan la visión falocéntrica de la proyección del deseo masculino así como el anhelo masculino de pureza femenino; o sea, tanto sobre la aceptación como el rechazo el deseo. La Virgen es una construcción mental masculina con unos contenidos psíquicos que actúan como dique de contención de los deseos libidinales del religioso, como en los ejemplos comentados en los que se le aparecía al hombre cuando quería yacer con su mujer. Pero en verdad nada más lejos de la realidad, pues la Virgen tiene, al igual que toda divinidad, aspectos inmanentemente eróticos. Aunque se pretenda que su figura

---

[37] BERCEO, Gonzalo (de). *Milagros de Nuestra Señora.* Madrid; Cátedra, 1999. p. 128 y ss.

sea asexual, está concebida según los deseos idealizados, reprimidos y sublimados del varón. Es decir, que es difícil –por no decir imposible- vencer al deseo con una imagen cuya construcción se basa precisamente en los dictámenes del mismo deseo masculino, en los parámetros libidinosos del hombre. Con una imagen mental construida a partir de los deseos y que inconscientemente provoca deseo no se puede vencer el deseo.

A todo esto tal vez debiéramos preguntarnos si acaso toda la mariología no es reflejo de una concepción erotizante disimulada bajo el discurso de su castidad. El ideal de pureza de María, la siempre virgen, refleja las ansias de dominio del poder patriarcal sobre las mujeres y sobre su sexualidad, a la par que su sumisión alienta la posesión del varón. La Virgen María está concebida por y para saciar las demandas del deseo masculino. Y ella, en el ideal del devoto que pretende una vida virtuosa, ostenta las cualidades de una aparente virtud sexual que en verdad no existe, pues su trasfondo es, como todo ídolo, inevitablemente erótico: ella es el refugio del eros místico.

Dicen que después del "trato" con la Virgen los apetitos sexuales desaparecen de igual manera que sucedía en el abrazo con Cristo (*amplexus*). Lo mismo sucede tras habernos aliviado sexualmente: cuando acabamos ya no tenemos ganas de seguir copulando. ¿Tal vez desaparecen los apetitos sexuales porque ella los ha saciado en la mente del místico y en la intimidad de su celda?

LA VOCACIÓN DE MÁRTIR: EL GUSTO POR EL DOLOR

«Dijo Jesús: ¡Ay de la carne que depende del alma! ¡Ay del alma que depende de la carne!». (Evangelio según Tomás, 112. Texto copto de Nag Hammadi.)

El miedo al deseo carnal, característico de la Edad Media, comporta el desprecio al cuerpo y por extensión al mundo exterior físico y material, que es entendido como el causante de los pecados que acarrean la perdición. Bajo esta visión, la sexualidad, culpable de todos los males desde nuestros primeros padres, se convirtió en auténtica pesadilla de la que había que librarse a toda costa; la inevitable tentación acechaba y si sucumbíamos a ella podía impedirnos gozar la vida eterna, ante lo cual un pequeño esfuerzo de vida célibe apenas importaba si con ello conseguíamos ganar la eternidad. Aún a pesar del miedo al cuerpo, se tenía una concepción paradójica de éste en la vida de ultratumba, ya que se solía pensar que allí tendríamos unos cuerpos hermosos y sublimes carentes de deseos sexuales, unos cuerpos casi divinos.

El erotismo místico tiene ciertas correspondencias con el martirio, pues los místicos sufren unos tormentos que son el anhelo y las ansias que sienten por revivir la unión mística, lo cual se traduce en un suplicio angustioso y tortuoso por "la espera que desespera". *El que no sabe de amores no sabe lo que es martirio*, canta el lírico español, aunque la santa de Ávila lo expresó poéticamente con un *muero porque no muero*, reflejo del extremo radical de esos deseos de muerte, ya que sólo muerta podrá su alma unirse por fin con su amado, con Dios. La mística provoca pues, literalmente, un "desvivir por amor" en algunos religiosos "afortunados", un instinto de muerte realmente exacerbado, *Tánatos* en estado puro. A ojos profanos pudiera parecer que tal dicha se antoja más un castigo que una Gracia, de no ser porque la recompensa ante tal espera, que es el encuentro con Dios, no tiene parangón conocido, por lo que les compensa aún a pesar del tormento. El sufrimiento ante la demora del encuentro amoroso con la divinidad es ya de por sí un martirio psicológico, aunque también sufren un martirio corporal.

El martirio físico que se autoinfligen por el contrario tiene un origen específico en la concepción neoplatónica que menosprecia el cuerpo y ensalza el espíritu. La base filosófica del martirio del cuerpo entiende que a través de su castigo se purifica el alma, por eso el rechazo corporal es de rigor en una concepción en que éste es entendido como un simple recipiente corruptible del alma inmortal. La puesta en práctica de la creencia platónica de la dualidad "alma-cuerpo" comporta pues el desprecio de éste último en algunos eremitas y penitentes hasta límites insospechados. Para ellos el ensalzamiento del espíritu implica por necesidad el rechazo del cuerpo, foco de corrupción[38]. De esta filosofía bebieron personajes célebres capaces de decir "¡*Cómo me repugna la Tierra cuando miro al Cielo!*" (Ignacio de Loyola), o, "*debemos*

---

[38] Efectivamente el cuerpo era entendido como lo corruptible, mientras que el alma poseía esencia divina y existe incluso antes de nacer el cuerpo, la cual, tras el nacimiento, se instala definitivamente en nuestro cuerpo hasta la defunción. En el platonismo es deseable que el alma no tenga "ningún trato ni comercio con el cuerpo": «...porque mientras tengamos el cuerpo está nuestra alma mezclada con semejante mal...» PLATÓN. *Fedón. (en 66 A-D)* Madrid; Guadarrama, 1974. p. 154.

odiar al cuerpo con sus vicios, porque quiere (...) vivir según la carne." (San Francisco de Asís).

Para concretar y dar forma a este desprecio corporal han existido diversidad de suertes y estrategias a lo largo de la historia: mortificaciones del cuerpo, ayunos, laceraciones, etc. Los ayunos son una forma de renuncia y fue una práctica muy recurrida para que cesaran los deseos sexuales, y así, de acuerdo con santo Tomás de Aquino, deben aplicarse a todos los productos animales y especialmente a los huevos, pues son notables recordatorios de nuestra fisiología.

Algunas leyendas pretenden que hubo personas que estuvieron incluso veinte y veintiocho años ayunando, como Santa Liduvina, e incluso en el siglo XIX Domenica Lazzari y Loise Lateau guardaron ayuno durante doce años. De esta forma numerosos místicos y místicas han ayunado durante largos años, con el único alimento ingerido que consistía en el cuerpo de Cristo: la sagrada hostia.

Más sorprendentes si cabe han sido los castigos corporales infligidos: cadenas, pesos de plomo, púas que se clavan en la carne, ligas penitenciales con dientes de hierro, azotes, corazas, placas de hierro al rojo vivo sobre el miembro sexual, etc. Es decir, un verdadero arsenal de aparatos para ocasionarse dolor corporal. Hasta tal punto llegó esta moda que algunos conventos entregaban a la novicia nada más ingresar un flagelo para utilizarlo en sus penitencias, pues era altamente recomendable. La lógica era sencilla: si cincuenta latigazos eran buenos para purificar el alma, tanto mejor lo serían cien e incluso doscientos. Los dominicos fueron aventajados en estas disciplinas, su fundador Domingo de Guzmán se azotaba hasta perder el sentido y, del alumno del maestro Eckhart, cuentan que llevaba día y noche durante ocho años una cruz a cuestas con treinta clavos que se le clavaban y lo herían, aunque él mismo se golpeaba en la espalda para hundirlos más si cabe en sus carnes[39].

Las contenciones, abstinencia y las mortificaciones del cuerpo han tenido casi siempre intención anti-eros, es decir, de represivo sexual a modo de antídoto contra las tentaciones "impuras". Las penitencias son un castigo a los deseos, a las necesidades y a los apetitos de la carne. Cierto es que durante determinados períodos eran recomendables estas penitencias, como por ejemplo en algunas órdenes durante la Cuaresma, e incluso obligadas, aunque lo más extraño sin duda es la actitud orgullosa e incluso arrogante de los adeptos a estas prácticas, utilizadas a menudo como propaganda para acrecentar la fama de los religiosos por su gran "dedicación" y "entrega".

Los casos más extremos son interesantes porque reflejan que sólo con el dolor se les hace la vida soportable: "¡padecer constantemente y después morir!" -afirma una Santa Teresa que hoy día sería considerada enferma mental. Las Carmelitas descalzas de su fundación gozaban así de fuertes disciplinas de azotes: por la propagación de la fe, por los benefactores, por las almas del purgatorio, etc. Además de los castigos adicionales por el *mea culpa*.

Santa María Magdalena dei Pazzi (1566-1607), priora de su convento, se revolcaba entre espinas, se vertía cera fundida sobre la piel, se dejaba insultar y ultrajar, patear la cara, etc., y todo ello la llevaba a un arrobo extremo delante de sus hermanas: «¡basta, no atices más esta llama que me

---

[39] Para las anécdotas citadas véase DESCHNER. *Op. cit.* p. 100 y ss.

84

consume, esta especie de muerte que deseo; que está unida a un placer y una dicha excesivos!».

La salesiana francesa Marguerite Marie Alacoque (1647-1690) se grabó un monograma de Jesús en el pecho con un cuchillo y cuando la herida se le cerraba se la volvía a rehacer con fuego; bebía agua sucia de lavar y comía alimentos podridos; limpió el esputo de un paciente lamiéndolo y llenó su boca con los excrementos de un paciente con diarrea... (Pío IX la proclamó santa en 1864).

Catalina de Génova (1447-1510) se ponía en la boca y masticaba los harapos de los pobres: se tragaba el barro y los piojos (canonizada en 1737).

Santa Ángela de Foligno (1248-1309) bebía el agua sucia del baño de los leprosos y se tragó una de las costras de las heridas de uno, pero no pareció darle mucho reparo:

> «Nunca había bebido con tanto deleite [reconoce ella misma]. Un trozo de las heridas de los leprosos se quedó atravesado en mi garganta. En lugar de escupirlo, hice un gran esfuerzo por terminar de tragarlo, y también lo conseguí. Era como si hubiese comulgado, ni más ni menos. Nunca seré capaz de explicar el deleite que me sobrevino».[40]

Podríamos estar horas recopilando anécdotas curiosas de estas, pero la lista es tan larga que a buen seguro el lector ya se ha hecho una idea.

De esta sencilla manera, flagelantes con un instinto sexual malogrado encontraron refugio dentro de los conventos y

---

[40] Para lo comentado anteriormente así como las citas véase *Íbid.* p. 104 y 105.

monasterios, y neuróticos e histéricas gozaron de una notable reputación sólo atribuible actualmente a enfermos mentales. Sobre tales actos excéntricos cualquier informe médico actual podría dar buena cuenta, pues el "asco" y la "repugnancia" en estos casos están relacionados con un instinto sexual perverso, tal como afirman el psicoanálisis y la psiquiatría. Pero la verdadera cuestión que deberíamos plantearnos sería la siguiente: ¿qué subsiste en esos actos psicopatológicos para verlos como camino de acercamiento a la divinidad? ¿Acaso estos actos extremos tienen exención sólo por el pretexto de estar realizados por amor a Dios?

****

Es un error generalizado creer que el sufrimiento acerca a Dios. La mística del sacrificio es un malentendido que despoja al hombre de los valores terrenales y mundanos, sin saber que a fin de cuentas son también aspectos reales que nos constituyen como humanos, hechos de carne y huesos, de materia al fin y al cabo; sin embargo, la vertiente más espantosa de la mística del martirio reniega del propio cuerpo. Tal vez habría que recordar lo que dicen las Sagradas Escrituras: que tras crear al hombre *vio Dios ser muy bueno cuanto había hecho* (*Génesis* 1,31, que por si fuera poco se repite en *Gén.* 1,7, *Gén.*1, 10, *Gén.* 1,12, *Gén.* 1,18, *Gén.* 1,21 y *Gén.* 1,25). O sea, Dios en todo momento estuvo orgulloso de la totalidad de su creación, como no podía ser de otra manera, y la Biblia no se cansa de repetirlo.

Jesús el de los Evangelios, el dios encarnado, no predicó el martirio sino todo lo contrario: Jesús, sufriente en la cruz, no dudó en pedirle al Padre que alejara de Él ese calvario. Sin embargo tradicionalmente se ha querido ver en ese gesto un momento de debilidad en tanto que era humano: es lo que se denomina las "zonas oscuras de Jesús", es decir, sus debilidades innatas como cualquier hombre. Pero quizás aquí hay un error al interpretar el rechazo del calvario como un momento de debilidad. Tal vez, simple y llanamente Jesús no deseaba sufrir dolor.

Jesús no predicó en ningún momento ni el dolor ni la enfermedad, sino la salud, la vida y el amor. Es más, sanó a cuantos enfermos se lo pedían e incluso liberó de personas de la muerte; hubo cenas alegres donde corría el vino y los pescadores llenaron sus redes; compartieron alimentos y risas lo mismo que fe y esperanza. Nada en los Evangelios (que son oficialmente la palabra de Jesús) nos remite a la mística del sacrificio. Consagrar nuestro espíritu a Dios no implica renegar de nuestra esencia humana y carnal, ya que a fin de cuentas eso es lo que somos: carne y huesos. Predicar a Dios no entraña renunciar a nuestra naturaleza, y volvemos a repetirlo: Jesús no predicó en ningún momento el castigo corporal[41].

A decir verdad la vocación de mártir es más propia de quien se recrea en el infierno y en sus sufrimientos que de aquel que anhela el Paraíso celestial y su beatitud:

---

[41] Aquí debemos matizar que en *la expulsión de los vendedores* –o mercaderes- *del Templo* Jesús pudo utilizar la violencia sólo como imagen metafórica, significando con ello la necesidad de limpiar el Templo (nuestra alma) de valores materiales y fugaces no acordes con la esencia divina y espiritual: «...no hagáis de la casa de mi Padre casa de contratación» (*Jn.* 2, 16.) en referencia a no dejarnos embaucar por valores fútiles mundanos ni esperar a cambio ninguna recompensa. Por eso la parábola de la *expulsión de los mercaderes* no es aplicable para alegar que Jesús predicara el castigo corporal.

mortificándose uno mismo se incurre antes en el sadismo que en la Piedad; se está más cerca de Sade que de la santidad; se imita a Satán, y no a Jesús; al dolor y la muerte, y no a la alegría de la fe y la vida en Cristo. A ciertos individuos los castigos corporales les hacen disfrutar de un dolor placentero mientras se auto-infligen azotes. La única explicación plausible que se puede alegar de la verdadera intencionalidad de estos actos sería la que relaciona el martirio corporal con la *imitatio Christi.*

La imitación de Cristo en todos los aspectos de la vida y obra de Jesucristo es una meta común en muchos creyentes que intentan seguir los pasos de su Maestro (*El Señor es mi pastor*). Tal vez así con esta simple explicación podríamos entender mejor el por qué del gusto por el martirio, pues lo veríamos como un acto de imitación de los sufrimientos de Jesús. Cristo atado a una columna y siendo flagelado (tal como aparece en muchas pinturas) podría ser el prototipo a imitar en la mística del sufrimiento; como también todos los sufrimientos de la Pasión, las catorce estaciones del *via crucis*, lo cual es, no lo olvidemos, son el "modelo" de la *vía dolorosa* (y no en balde recibe este nombre). No obstante esta *imitatio Christi*, la moda del martirio está anclada en sus orígenes (como ya hemos dicho) a la concepción neoplatónica que desprecia el cuerpo para purificar el alma, aunque extraer placer de un martirio traiciona sus principios básicos porque se convierte en finalidad y recompensa, no en despojamiento y sufrimiento.

******

En no pocos lugares y ambientes costaría entender que ciertas personas fueran consideradas santas precisamente por estos actos de auto-violencia. Sabido es que de estas penitencias han derivado un sinfín de patologías psíquicas con sus consecuentes perversiones sexuales. Sabemos también que ciertos individuos son capaces de obtener placer a través del dolor, generalmente placer de índole sexual: es lo que hoy en día llamamos "masoquismo" (en honor a Sacher-Masoch).

El término es moderno, sin embargo ya Platón dio cuenta de dicha paradoja en *Fedón*, donde advirtió lo extrañamente unidos que se encuentran placer y dolor, de forma prácticamente inseparable[42]. El masoquismo no se desliga de estas prácticas religiosas por mucho que lo nieguen los religiosos que hacen ojos ciegos a la esencia erótica que subyace bajo las prácticas penitenciales, pues el castigo auto-infligido de manera reiterada y voluntaria no está exento del goce doloroso propio del masoquista. Los castigos corporales con fines religiosos han sido utilizado a lo largo de la historia como repulsivo sexual, para impedir que los deseos libidinosos afloraran, sin embargo y paradójicamente el resultado ha sido el opuesto: una satisfacción del instinto sexual, solo que el masoquista lo reconoce y el religioso lo niega y lo reprime.

Muchos eruditos célebres han repetido estas ideas de que el dolor aporta placer de modos distintos, y otros muchos aún sin conocer la suerte de estas palabras lo han intuido y

---

[42] «¡Qué cosa más extraña, amigos, parece eso que los hombres llaman placer! ¡Cuán sorprendentemente está unido a lo que semeja su contrario: el dolor! Los dos a la vez no quieren presentarse en el hombre, pero si se persigue a uno y se le coge, casi siempre queda uno obligado a coger también al otro, como si fueran dos seres ligados a una única cabeza.» PLATÓN. *Op. cit. (60 A-D).* p. 143.

expresado de las más diversas formas. Platón advirtió que el placer y el dolor estaban "ligados a una única cabeza", y Freud dijo exactamente lo mismo pero con otros términos: «la historia de la civilización humana nos enseña, sin dejar lugar a dudas, que la crueldad y el instinto sexual están íntimamente ligados»[43]. Y al igual que Freud, la idea que relaciona el dolor con el placer está repetida en infinidad de autores.

Vamos a explicar brevemente las tesis de Freud. Según Sigmund Freud la respuesta a esta paradoja de que el dolor y el placer están a sólo un paso de distancia se encuentra en las primeras formas infantiles de organización pregenital.

De estas formas pregenitales la primera organización sexual en todo niño es la "oral", pues aparece ya en el primer momento desde que el bebé succiona leche del pecho de su madre, de ahí el término "oral", puesto que la boca se convierte en zona erógena porque nos proporciona el placer de la lactación. El instinto sádico o también denominada etapa "sádico-anal" es la segunda en aparecer, de lo que acontece que en las etapas pregenitales predomine especialmente la crueldad derivada de este instinto. Los aspectos violentos y sádicos que expresaría el niño obedecerían así a la búsqueda inconsciente de un castigo físico, o en otras palabras: el niño, en anteriores ocasiones, cuando su instinto sádico se manifestó, obtuvo un castigo correspondiente por parte de sus educadores que le reportó placer; si este instinto sádico no remite y se reprime, el niño intentará mostrar en futuras ocasiones un comportamiento igual de sádico para obtener el mismo castigo que conseguía

---

[43] FREUD, Sigmund. *Tres ensayos sobre teoría sexual (y otros escritos).* Madrid; Alianza, 2006. p. 30.

de pequeño volviendo así a sentir el mismo placer: esa es su finalidad inconsciente.

Sin embargo, el castigo físico no parece oportuno para el normal desarrollo de su libido, o al menos no el castigo de darle azotes al trasero, pues por ser una zona erógena pueden inducir involuntariamente hacia una "desviación" de su finalidad sexual, es decir, convertirlo en masoquista y en homosexual porque su trasero ha sido excitado desde su más temprana etapa sádica[44]. El sadismo infantil puede derivar hacia el masoquismo, que no es sino sadismo contra uno mismo[45]. Con estos mecanismos psicológicos derivados de las represiones infantiles, el individuo adulto obtiene placer. Hasta aquí la versión freudiana.

Cabe comentar a modo de anécdota que esta singularidad en la educación infantil de castigar las nalgas del niño cuando se ha portado mal también penetró en el arte, de hecho existen ejemplos pictóricos que representan estos hábitos de los progenitores hacia su descendencia, como es el caso de un grabado de Odoardo Fialeti que nos muestra a Venus dándole unos azotes en las posaderas a Cupido (*Venus escarmentando a Cupido;* grabado de finales del siglo XVI). Y como tantas otras veces suele suceder en que Venus y Cupido sientan precedentes iconográficos, el arte cristológico también reproducirá un castigo sobre la figura del Niño, por lo que

---

[44] «Todos los educadores saben [...] que la dolorosa excitación de la piel de las nalgas constituye una raíz erógena del instinto pasivo de crueldad, esto es, de masoquismo, y, por lo tanto, han deducido, con razón, que es necesario prescindir de aquellos castigos corporales que producen la excitación de esta parte del cuerpo de los niños, cuya libido puede ser empujada hacia caminos colaterales por las posteriores exigencias de la educación». *Íbid.* p. 63.

[45] «Con frecuencia puede verse que el masoquismo no es otra cosa que una continuación del sadismo, dirigida contra el propio *yo*». *Íbid.* p. 30.

Max Ernst pintará en el siglo XX *La Virgen escarmentando al Niño Jesús en presencia de tres testigos* (1926), donde la Virgen María está azotando el culo del Niño.

****

La visión obsesiva del infierno es también en este aspecto análoga al masoquismo, pues ciertos devotos parecen recrearse en exceso en esa especie de sadismo contra uno mismo y acaban martirizándose en sus más recónditos temores, aunque obviamente sea ésta una tortura de orden psicológico más que físico. La persona que se recrea en el averno se inflige el suplicio de tal visión, pues es precisamente allí en el infierno donde se dan los castigos más atroces que el pensamiento humano es capaz de imaginar: hogueras, tridentes, y un sinfín de artilugios e inventos varios destinados a mortificar nuestros cuerpos. El miedo que provoca la sola posibilidad de caer en la condenación provoca alteraciones al ámbito de la sexualidad, ya que en el ser humano los procesos afectivos intensos tienen la particularidad de reflejarse en sus zonas erógenas, tanto los afectos positivos –besos, caricias, etc.- como las emociones no deseadas y negativas donde el terror y el miedo son la nota dominante. En otras palabras: ante una situación terrorífica algunas personas se quedan mudas, otras ríen neuróticamente (recordemos que la risa está relacionada con la sexualidad), y a otras personas la excitación se les manifiesta con la erección de su miembro llegando incluso al clímax involuntario.

El efecto fascinante que emana del terror provoca que ciertos individuos hallen una compensación sexual alternativa en la repetición de estas situaciones siniestras, por lo que en adelante buscarán experimentar inconscientemente una y otra vez la misma sensación de temor y desamparo que antaño excitó su libido.[46]

La recreación en el infierno es una tortura psicológica que se traduce inevitablemente en la fisiología del individuo, pues los efectos espirituales se reflejan en las funciones fisiológicas: la espiritualidad y la carnalidad se confunden hasta el punto de tornarse indisociables (psicosomática). Dicho de otro modo: el placer morboso ante la posibilidad infernal provoca excitabilidad psico-sexual, y como a una causa psíquica le sigue su correlato fisiológico, el organismo satisface de este modo el instinto sexual sádico. Por lo tanto, el masoquismo –que es, volvemos a recordar, un instinto sádico contra uno mismo- es el fundamento de los martirios religiosos, y la satisfacción inconsciente del instinto sexual reprimido está en el origen de estas perversiones: la psicología ha demostrado sobradamente las patologías clínicas de estos comportamientos.

Muchos continuarán repitiendo a través de los siglos que la crueldad y el instinto sexual están ligados y comparten una misma base ontológica; se repetirá de muchas formas para decirnos lo mismo de siempre: que el dolor y el placer coinciden, que la finalidad de ambos llevada a su extremo es el goce de los sentidos, que «El sufrimiento, el tormento, la tortura, son medios indirectos, pero no menos efectivos que

---

[46] «Si pudiera suponerse que también las sensaciones intensamente dolorosas poseen igual efecto erógeno, sobre todo cuando el dolor es mitigado o alejado por una circunstancia accesoria [como el amor y la fe en Cristo], podría hallarse en esta situación una de las raíces principales del instinto sádico-masoquista». *Ibid.* p. 74.

el coito o la masturbación, para llegar al éxtasis. Como hemos visto, Eros y Tánatos forman una unidad.»[47]

Auto-infligirse dolor es una práctica común en muchos ritos religiosos. Las penitencias cristianas también han contemplado estos actos donde el castigo corporal era acometido con el fin de librar al espíritu de las cadenas del cuerpo, algo así como una especie de catarsis liberadora. Sin embargo estos dolores voluntarios provocan paradójicamente un efecto placentero. Por supuesto que la demostración de esta aparente antítesis placer-dolor y su inextricable relación no fue posible en siglos anteriores, donde filósofos audaces se atrevieron a insinuarlo aún a pesar de las restricciones religiosas y sin demostración posible. Pero hace relativamente poco tiempo la psicología y el psicoanálisis nos dieron otra visión, al igual que actualmente lo hace la bioquímica, que nos cuenta que el cuerpo humano libera endorfinas para atenuar el dolor: es un mecanismo de defensa que hace que el sufrimiento extremo sea menos brutal para hacerlo así soportable, como por ejemplo en las experiencias cercanas a la muerte, en donde se supone que dichas endorfinas alivian el tránsito tan traumático.

Ahí reside desde la óptica de la ciencia actual la explicación del efecto placentero de las penitencias y martirios corporales: en las endorfinas y en sus hermanas las encefalinas. Así pues, a fecha de hoy y para el ámbito académico y científico, infligirse dolor por motivos religiosos esconde en realidad el efecto placentero de las endorfinas. (Y

---

[47] En: MUTHESIUS, Angelika; RIEMSCHNEIDER, Burkhard (eds.). *El erotismo en el arte del siglo XX*. Colonia; Taschen, 1994. p. 186.

al respecto quiero trasladarles una cita de no recuerdo quién la dijo -espero disculpen mi torpeza- que dice que "el placer no es otra cosa que un dolor extremadamente dulce").

Debemos también comentarles que desde la perspectiva de las neurociencias modernas los circuitos cerebrales encargados del placer son los mismos que los del dolor. Así pues, parece ser que a la divinidad se puede acceder de diversas formas, entre ellas tanto el placer como el dolor, y las dos igual de válidas: los religiosos saben de ambas, tanto por las experiencias místicas sumamente placenteras como por las penitencias mortificadoras del cuerpo.

****

El martirio del cuerpo, la mística del sufrimiento, la mística del sacrificio, la mística del dolor y tantos sinónimos empleados para designar la misma cosa, sólo tienen sentido porque reflejan lo mismo: al igual que en los sacrificios de la Antigüedad la conciencia y el sentido de la vida se nos ofrecen cuando se acerca uno a las puertas de la muerte.

Tal vez no sólo sea una imitación de Cristo lo pretendido por quienes gustan infligirse dolor, sino la búsqueda de la frontera entre la vida y la muerte a través del instinto sexual, como cuando se copulaba y se sacrificaba durante el rito erótico-religioso en la Antigüedad. Tal vez, sólo cuando el sufrimiento comunica que la vida pende de un hilo es cuando valoramos en su justa medida el milagro de la vida. O simplemente, al final de todo, lo pretendido sea gozar del cuerpo por medios psicológicos, es decir, experimentar placer sin manipular nuestros genitales, buscando el goce por otros medios para sortear el pecado y la culpabilidad que nos creó el pensamiento religioso sobre el tacto genital. (Recuerden ustedes que el placer psíquico resulta extremadamente placentero, más incluso que el físico).

Una cosa parece quedar meridianamente clara y es que la mística del martirio se relaciona con la mística erótica y con los sacrificios violentos: con la mística erótica porque provoca placer en los cuerpos, y con los sacrificios violentos porque se arrima al dolor y a la muerte en su empeño por conseguir un beneficio, en este caso el Amor de Dios. En ambas ocasiones se satisface el instinto sexual en forma sublimada.

****

El dolor es esa defensa vital que obligó al Mesías a increparle al Padre para que lo librara del sufrimiento, no es una debilidad ni una zona oscura de Jesús, sino una zona clara y nítida como la que más. Jesucristo pidió al Padre que alejara de él el calvario que se le avecinaba: rechazó el dolor y el sufrimiento, como todo animal vivo lo rechaza. El dolor es lo que nos dice aléjate de los tormentos y del peligro si no quieres acabar muerto; es lo que evita que pongamos nuestra mano en el fuego. El dolor es un rasgo adaptativo en pro de la supervivencia. Una cultura que laurea a sus mártires, sean políticos, deportistas o religiosos, no podrá librarse de que su ciudadanía tenga vocación de héroe social condensada en la figura del mártir y acepte gustosa el dolor: también es una forma fomentada por el poder para el control de masas.

Sin esa "pedagogía negra" el sufrimiento dejaría de tener sentido como finalidad y dejaríamos de justificar el dolor remediable del mundo. No es voluntad de Dios el dolor que sufren nuestros hermanos en la Tierra, es sólo que se nos ha educado así. Nuestra dejadez y tolerancia hacia el sufrimiento ajeno debiera avergonzarnos.

****

Cuentan que en la época de las colonias, cuando los primeros orientales vieron crucifijos con Cristo clavado en su centro, no entendían cómo era posible que los cristianos colgasen en las paredes de sus casas a alguien torturado hasta la muerte: veían en ese hábito de exhibir a una persona agonizante una recreación morbosa, algo así como un sadismo encubierto y no sólo tolerado, sino enaltecido y glorificado. Es cuestión de educación, dijimos los occidentales. El caso es que no entendieron como nos recreábamos viendo una tortura, pero a nosotros nos educaron desde pequeños que era normal ver esas imágenes y llevarlas colgadas del cuello.

Recientemente tuve la ocasión de preguntar a un niño de cuatro años, todavía con nula instrucción religiosa, sobre un crucifijo con un gran Cristo que colgaba de la pared. Según el niño eso era "un hombre flaco clavado en el centro del palo". Ante mi reiterada insistencia de si sabía quién era ese hombre, el niño simplemente se limitó a mirarme muy extrañado por mi ignorancia y, como quien explica algo a un lerdo me dijo totalmente convencido: *¿qué te pasa? Es un monstruo, ¿o es que no lo ves?*
Por la educación recibida se pueden comprender los comportamientos.

EUCARISTÍA

«Mi carne es verdadera comida y mi sangre verdadera bebida. Quien come mi carne y bebe mi sangre permanece en mí, y yo en él» (Juan. 6, 55-56)

La Santa Cena representa la simbolización del sacrificio de Jesús. Jesucristo será la víctima inmolada y la Cena representa el rito sacrificial. Posteriormente, como en todo sacrificio religioso, los restos inmolados de la víctima son consumidos en un banquete colectivo: es la eucaristía, donde se ingiere la carne y la sangre de la víctima sacrificada.

En este capítulo revisaremos primeramente el significado simbólico que implica beber vino como si fuera la sangre de Cristo y, posteriormente, trataremos las implicaciones relativas al hecho de comerse a la víctima sacrificada, en este caso a Dios. Obviamente tendremos que hacer un pequeño repaso de antropología de la religión.

Comentábamos hace tiempo y en otro volumen que la Eucaristía era uno de los postulados cristianos que había que defender ante la negativa protestante, pues éstos últimos rechazaban la idea de que la santa oblea y su administración fueran un sacramento sagrado; por tal motivo se prodigaron las imágenes católicas donde se mostraba el milagro en el cual Jesucristo se corporizaba en la hostia. Al respecto las *misas de san Gregorio* son el ejemplo pictórico más ilustrativo, pues en esos cuadros se observa el acontecimiento en donde se le apareció a dicho santo el mismísimo niño Cristo (o incluso Cristo adulto) justo en el momento eucarístico del oficio. Este es uno de los ejemplos más paradigmáticos de las imágenes que cobran vida, y tuvo su mayor apogeo durante los siglos XIV al XVI.

Existen diferentes tipos iconográficos de estas misas en las que Cristo se le apareció a san Gregorio en el altar, aunque en realidad no es que se apareciera sin más, sino que san Gregorio observó cómo justo delante de él la santa Hostia se convertía en Cristo. Muchas pinturas nos muestran este acontecimiento milagroso: en la catedral del Burgo de Osma (Soria) en una tabla del retablo de san Idelfonso se ve a Cristo adulto vertiendo Él mismo su sangre en el interior del cáliz; en el Museo Arqueológico Nacional un cuadro de Juan de Nalda también titulado Misa de san Gregorio vemos a Jesús adulto aparecerse al santo; en Cenicero (La Rioja) una *Misa de san Gregorio* atribuida al Maestro de la leyenda de santa Catalina; en el retablo mayor del parroquial de san Miguel de Haza, etc. Es decir, que sólo en España abundan lo suficiente estas pinturas como para intentar un estudio serio sobre las misas de san Gregorio.

La eucaristía es el pan eucarístico de la sagrada comunión, donde el pan y el vino son consagrados anteriormente por un ministro ordenado y, con posterioridad, tomados por éste y por los fieles en obediencia al mandato de Cristo expresado durante la Última Cena: "*haced esto en conmemoración mía*". La eucaristía simboliza a la vez que "realiza verdaderamente" la unión de Cristo con sus fieles. Es pues la dispensación de la hostia sagrada, la santa oblea, la cual se transubstancia misteriosamente en el cuerpo de Cristo en un alarde soberbio de magia controlada y manipulada por los intermediarios sacerdotales. En el sacramento de la eucaristía se dispensa tanto el cuerpo como la sangre de Cristo: el cuerpo es la santa oblea y la sangre es el vino. Vamos a tratar primeramente el hecho de beberse la sangre de Cristo a través del vino.

La utilización del vino como elemento simbólico en los ritos sagrados es muy antigua y se puede rastrear desde milenios atrás. Evidentemente la cualidad que más pronto destaca es la de su color sangre, por lo que se pensó en principio que era la sangre de las uvas[48], aunque también destaca -incluso con más fuerza- su peculiaridad etílica[49]. El ritual de comunión es el mismo en todas partes, se beba vino de la copa de Dioniso o vino transubstanciado en la sangre del Redentor.

El vino, por sus efectos embriagadores, produce un rebajamiento de la consciencia, por tal motivo es considerado por los psicoanalistas jungianos un símbolo que representa el paso del lado consciente al inconsciente. Visto así no es de extrañar que las celebraciones dionisíacas alcanzaran tan alto grado de violencia, pues el inconsciente retiene intuiciones, ideas e instintos muy peligrosos: en el inconsciente residen "sustancias psíquicas" reprimidas por el "mecanismo de defensa" debido precisamente a su peligrosidad tanto para el individuo como para la colectividad.

---

[48]   BIEDERMANN, Hans. *Diccionario de símbolos*. Barcelona; Paidós, 1993. Voz: "vino". (1ª ed. *Knaurs Lexicon der Symbole*. Munich; Droemer Knaur, 1989.)

[49]   Vino: «Símbolo ambivalente como el dios Dioniso. De un lado, especialmente el vino rojo, significa la sangre y el sacrificio. De otro, simboliza la juventud y la vida eterna, así como la embriaguez sagrada que permite al hombre participar fugazmente del modo de ser atribuido a los dioses.» (CIRLOT, Juan Eduardo. *Diccionario de símbolos*. Barcelona; Labor, 1969. Voz: "vino".)

No es en absoluto descabellada esta hipótesis que les hemos contado, pues es sabido que ciertas drogas (y entre ellas se encuentra el vino) provocan alteraciones en la psique y son proclives de favorecer "regresiones psíquicas" en los individuos ebrios; más aún en aquellos tiempos, cuando el vino era altamente tóxico y su consumo desmesurado en el rito religioso provocaba el trance por intoxicación etílica grave. (De hecho existía la figura de un maestro de ceremonias que dosificaba la cantidad de vino que debían beber los asistentes).

«El vino debía romper cualquier hechizo, desenmascarar mentiras ("*in vino veritas*")»[50]. Ese "romper hechizos" (romper los lazos de la consciencia) y "desenmascarar mentiras" pueden ser entendidos fácilmente en el sentido jungiano como una paulatina pérdida de la consciencia en favor de la inconsciencia.

El vino es la bebida divina, representa el licor de la inmortalidad y es la ambrosía de algunos dioses. Debido a ello su sentido original fue el de una bebida espiritual que propiciaba la comunicación de los hombres con las divinidades. El vino designa la embriaguez mística, la espiritual, y una comprensión intuitiva y desligada de la razón, o sea, una comprensión intuitiva similar al trasvase del inconsciente a la consciencia. Muchas han sido las religiones que han utilizado el vino como bebida altamente espirituosa que favorecía las visiones y las vivencias religiosas.

En el *Cantar de los Cantares* elogian el vino; en los Misterios antiguos también; de igual manera en las leyendas del Santo Grial (*Graal*); y cómo no, igualmente lo hacen en el

---

[50] BIEDERMANN, Hans. *Op. cit.*

Nuevo Testamento. De facto, no debemos restar importancia al hecho de que el primer milagro de Jesús fuera precisamente el de las bodas de Caná, cuando convirtió el agua en vino (*Jn.* 2, 1-11.) Que el primer milagro de Jesús sea precisamente este es muestra suficiente de la gran importancia que tiene este elemento líquido para la mentalidad religiosa, y no debemos subestimarlo.

In vino veritas, in aqua sanitas. Esta sentencia tan célebre significa que "en el vino reside la verdad, en el agua la salud". Es muy significativo que Jesús eligiera en su primer milagro el vino al agua, o sea, que eligiera la verdad a la salud, y la embriaguez a la sobriedad.

La leyenda cuenta que de las heridas de Cristo en la cruz manaba sangre mezclada con agua. (Aquí debemos comentar al respecto que el vino, en sus orígenes agrio y tóxico, debía diluirse con agua para beberse, por esta razón tal vez la tradición piadosa atribuye que de las heridas de Cristo saliera el vino mezclado con agua). Otra leyenda cuenta que fue Noé el que lo endulzó mezclando la sangre de cuatro animales que se corresponden a los cuatro prototipos de personalidades de los hombres ebrios: el león (algunos borrachos se vuelven brabucones), el cordero (otros se tornan mansos y dormitan), el mono (los borrachos graciosos) y el cerdo (los que se vuelven cochinos). Las mezcló con tierra e hizo con esa argamasa un abono que puso junto a las raíces silvestres de las vides. Esto las endulzó[51].

Pero si existe una peculiaridad especialmente significativa en el sacramento eucarístico no es la del vino, sino la que

---

[51] En *Íbid.* (voz: vino).

refiere a la ingesta del "cuerpo de Cristo". Generalmente este acto de teofagia (comerse a Dios) suele pasar inadvertido para el fiel debido al constante proceso de simbolización y de sublimación de tal acto (y consecuentemente la degradación paulatina del símbolo), lo que provoca una pérdida de referencia, una merma en la toma de conciencia ante un acto tal como el que acaba de acometer: ¡se ha comido a su Dios! Vamos a introducirnos un poco en este espinoso asunto del "canibalismo religioso": la muerte sacrificial de una víctima y su futura ingesta en un banquete comunitario por los miembros de un grupo.

****

Hubo un tiempo en que el mundo fue la imagen viva de las divinidades tanto masculinas como femeninas. A través de un coito infinito el dios celestial fecundaba incesantemente a la Madre Tierra mediante la lluvia y el rocío. El hombre se comía los "frutos vivos" de la Tierra temeroso de la venganza de ésta, pues sus productos (los animales) eran entendidos como hijos propios de ella. Los alimentos fueron considerados sagrados, y sobre algunos de ellos recaía una prohibición muy estricta tanto para darles muerte como para comérselos. Fue de esta manera como la nutrición se veneró como un acto sagrado y algunos animales totémicos fueron considerados igualmente sagrados y por lo tanto eximidos de ser cazados.

Pero para la mentalidad arcaica todas las prohibiciones religiosas contemplan un período en el que se pueden desobedecer dichas prohibiciones; es decir, que para el pensamiento religioso arcaico existe un período de prohibición y otro en el que se debe transgredir dicha prohibición, que es el de la fiesta religiosa (de modo contrario no se regeneraría el mundo). De este modo matar a un bisonte, por ejemplo (animal sagrado), constituía un acto vil y prohibido, pero estaba permitido sólo durante el rito sagrado, el cual exime de culpa al hombre. Matar a un animal era matar un espíritu divino; es en cierto modo un deicidio; y posteriormente durante su ingesta se comete una teofagia, o sea, se come a un dios. Por este motivo el hombre primitivo tuvo que instaurar el rito por obligación defensiva, para quedar exonerado de la culpabilidad de haber matado un animal sagrado y evitar así la venganza de los dioses.

Generalmente cuando el animal totémico abunda es cuando se realizan los ritos de transgresión por razones obvias, y entonces se caza y se come dicho animal. Los individuos se disfrazan con máscaras que representan tanto al animal como a sus antepasados, y emulan un tiempo en el que todavía no estaba instaurada la prohibición. Las máscaras son la metamorfosis, la transformación en aquellos antecesores exentos de sentimientos de culpabilidad porque no tenían noción de la prohibición ni consciencia del acto execrable que acometían. Durante la fiesta el animal sagrado era cazado y comido: es la trasgresión a la prohibición, el rito que les proporcionará abundancia futura:

> «Realizan así su comunión con el principio del que sacan su fuerza y en el que beben la vida, absorbiendo con él un influjo vigoroso [...] y que necesitan probar periódicamente en un ademán de canibalismo vivificador, de fortalecedora teofagia.»[52]

---

[52] CAILLOIS, Roger. *El hombre y lo sagrado*. México; Fondo de Cultura Económica, 1984. p. 125.

Una vez terminado el rito, la prohibición vuelve a recaer sobre el animal totémico, el cual ya no puede ser ni cazado ni comido hasta la próxima celebración.

S. Reinach formuló en 1900 el *Código del totemismo* en doce postulados; reproducimos unos pocos para que se hagan una idea básica de las cualidades sagradas que recaían sobre el animal totémico:

«1.- Ciertos animales no deben ser muertos ni comidos. Los hombres mantienen en cautividad individuos de estas especies animales y los rodean de cuidados. 2.- Un animal muerto accidentalmente hace llevar luto a la tribu y es enterrado con iguales honores que un miembro de la misma. [...] 4.- Cuando se impone la necesidad de matar a un animal habitualmente respetado, se excusa la tribu cerca de él y se intenta atenuar, por medio de toda clase de artificios y expedientes, la violencia del tabú; esto es, el asesinato. [...]»[53]

Es de remarcar una peculiaridad, y es que en esos tiempos festivos, cuando la prohibición era transgredida, tenía lugar asimismo una transgresión relativa a la sexualidad, es decir, se realizaban cópulas intensivas y rituales, y es de suponer que

---

[53] Reinach. "*Revue Scientifique*", octubre 1900. (También en la obra del mismo autor: "*Cultes, mythes et religions*", 1909, tomo I, p.17 y ss.) Recogido en FREUD. "*Tótem y tabú*". En: *Obras completas*, vol. II. Madrid; Biblioteca Nueva, 1968. p. 565.

dichas uniones sexuales tendrían lugar después del banquete del animal totémico:

> «Entonces se violan las prohibiciones que en época ordinaria aseguran el buen funcionamiento de las instituciones, la marcha regular del mundo, y distinguen lo permitido y lo prohibido. Se mata y se consume la especie venerada por el grupo, y paralelamente al gran crimen alimenticio, se comete el gran crimen sexual: se infringe la ley de la exogamia.»[54]

Tal y como cuenta Roger Caillois, los actos transgresores eróticos llegaron hasta extremos del incesto: lo más sagrado y prohibido desde el origen de la sociedad. Sobre las uniones incestuosas dice asimismo este autor:

> «Durante las fiestas son permitidas y obligatorias. Hay que subrayar que esos sacrilegios se consideran tan rituales y santos como las prohibiciones que infringen. Proceden lo mismo que éstas de lo *sagrado.*»[55]

Dicho en otras palabras: durante la fiesta religiosa se violan todas las prohibiciones que fueron instauradas en pro de la estabilidad social.

Estos actos sucedían en lo relativo a las fiestas en que se sacrificaba y se comía al animal totémico, aunque debemos tener en cuenta que en la mentalidad arcaica y mágica no se diferenciaba a los animales de los humanos, pues aquellos también poseían su espíritu y eran hijos de la Tierra.

---

[54] CAILLOIS. *Op. cit.* p. 133.
[55] *Íbid.* p. 133.

Actualmente para nuestra concepción moderna un animal no es comparable a un hombre, pues entendemos que nosotros estamos en lo alto de la cadena evolutiva y nuestro grado de consciencia no tiene parangón conocido.

****

No obstante en la historia de la humanidad se dieron sacrificios y actos donde se sacrificaba e ingería no un animal sino un cuerpo humano. Al respecto todos saben lo que es el canibalismo y lo que es un acto antropófago. De mención obligatoria es que en los ritos caníbales no se comía carne humana por necesidad o hambre, sino por mandato religioso.

Las Ménades fueron sacerdotisas de Baco que entraban en un trance delirante (hoy en día todavía se utiliza el término para referirse a las mujeres frenéticas). Pues bien, estas mujeres llegaron a devorar a sus propios hijos en los ritos religiosos. Desnudaban, despedazaban y devoraban al instante la carne cruda y todavía viva de su víctima sacrificial, la de sus hijos. Las Ménades se dejaban llevar por el desenfreno y la locura del sentimiento dionisíaco (referente al dios Dioniso), que conjuga tanto a Eros como a Tánatos.[56]

---

[56] «*Omophagía*: la madre devora crudo a su hijo, que así regresa, por la sangre, al cuerpo de la que lo ha expulsado. Éste es el éxtasis sangriento que funda las sociedades humanas. Toda madre confía su hijo a la muerte en cuanto sale de su vulva.» QUIGNARD. *Op. cit.* p. 220. «Quién de nosotras, madres, no ha deseado poder absorber de nuevo aquellas carnes salidas de nuestro vientre? ¿Quién de nosotras, amantes, no ha marcado con los dientes, durante el acto amoroso, el cuerpo del hombre o la mujer amada? "Te comería a besos"... ¿Quién no ha pronunciado u oído estas palabras? Unir al ser amado a uno mismo en una unión de absorbencia total; convertirse en carne, transformarse en vida; convertirse en alimento

El orfismo fue una religión fundada cuyo dios principal era Dioniso, hijo de Zeus. Visto que su padre pretendía legarle la soberanía del universo, los celosos titanes lo desmembraron y devoraron. Artemisa recuperó su corazón y lo entregó a Zeus, que se lo comió e hizo renacer a un nuevo Diosniso.

En estos actos extremos entrevemos la voluntad de la mentalidad mágica, en donde el sacrificio ritual y la ingesta de la carne persiguen apropiarse de las cualidades salvíficas del sacrificado —en tanto que Ser divinizado- mediante un procedimiento de magia por contagio. Dicho de otro modo: al comernos la carne de un dios se nos contagian las propiedades beatíficas y salvíficas del dios, pues al ingerir su cuerpo nuestro organismo asimila sus beneficios.

El canibalismo es sólo una repetición del acto primigenio del deicidio y de la teofagia: es una recreación de un acto ancestral y original. El hombre tiende con sus ritos a repetir *ad infinitum* el arquetipo original, el que se dio *in illud tempus*, el del tiempo primigenio donde convivían sobre la Tierra hombres y dioses en sus orígenes, donde los antepasados conquistaron la civilización. Los actos en los que se sacrifica y se devora a una víctima sólo repiten un acto que se supone sucedió en los orígenes de los tiempos, y para mantener en orden a la sociedad sólo cabe repetirlo, pues es el acto fundacional que permitió instaurar la civilización.

Existen asimismo más ejemplos de homofagia alrededor del mundo, e incluso algunos más recientes, como es el caso

---

recíproco para vivir juntos en la unión más completa, todavía más completa que la sexual...» JACOBELLI, M. C. *El "risus paschalis" y el fundamento teológico del placer sexual*. Barcelona; Planeta, 1991. p. 142.

de algunas tribus norteamericanas[57] y los más célebres de las Antillas.

****

Se ha pretendido ver en el canibalismo religioso el origen de la sociedad y de las religiones, pues reproduce el instante fundador del mito, el del sacrificio y el de su futura ingesta.

El origen de la eucaristía se halla lógicamente en los inicios de las religiones, al menos en sentido ontológico. Por lo tanto cabe comentar que su origen no es la *Última cena* de Jesús, sino que deriva de otras formas religiosas anteriores donde ya contemplaron banquetes antropófagos.

El origen de la eucaristía es por lo tanto indisociable del fundamento que rige los sacrificios religiosos, y por ello debemos remontarnos a estos comienzos, pero ahí reside un gran problema: todavía no se ha dicho nada definitivo, ya que existe una gran laguna de datos necesarios para poder asegurarlo. No obstante sí que tenemos diversas teorías que indagan en esa dirección, ya pertenezcan a la antropología, a la etnografía o incluso a la psiquiatría. Ni que decir tiene que las diferentes hipótesis son en mayor o menor grado acogidas dependiendo del momento histórico y de las "modas culturales". Y las modas, siempre presentes, sólo reflejan el sentir y la necesidad de la sociedad, nunca una verdad más real o completa. De ello nos previene Eliade (al respecto véase *Modas culturales e historia de las religiones*), quien nos alerta

---

[57] «Los winnebago, al igual que los iroqueses y algunoas tribus algonquinas, probablemente comían carne humana como ritual totémico que podía domeñar sus impulsos individualistas y destructivos.» Henderson. *Los mitos antiguos.* Recogido en JUNG, C. G. [et. al.] *El hombre y sus símbolos.* Barcelona; Caralt, 2002. p. 113.

110

sobre los amaneramientos del pensamiento conforme a las modas intelectuales... y nos previene con ejemplos.

Para ello saca a colación el más sonado error de Freud en *Tótem y tabú*. Freud manifestó en ese libro lo que pensaba era el origen de las organizaciones sociales, de las normas morales y del nacimiento de las religiones. (Por supuesto, tratándose de Freud, a partir del archiconocido parricidio primordial[58].) Fue en este libro donde Freud no tuvo en cuenta –por desconocimiento- recientes aportaciones de etnólogos y antropólogos contemporáneos suyos. Estaba ya suficientemente demostrado que el totemismo no fue en las culturas antiguas un fenómeno difundido y generalizado en la medida en que lo hubiera tenido que estar para explicar el origen de las religiones, pues sólo cuatro tribus de entre los centenares de tribus totémicas contemplaban algún rito semejante al parricidio y a la homofagia. Así pues, la conclusión final fue que esos ritos de muerte y canibalismo que nos ocupan no tenían nada que ver con el totemismo.

El caso de Freud es visto por algunos estudiosos como una moda intelectual que provocó que hipótesis erróneas suyas fueran aceptadas como buenas, incluso en el ámbito intelectual y científico, y ello se debió al inmenso éxito del psicoanálisis (moda observable hasta la saciedad incluso recientemente en una interminable lista de *thrillers* hollywoodienses).

---

[58] En el comienzo mítico, el padre guardaba a sus esposas lejos de sus hijos por celos; cuando los hijos crecen matan al padre y se quedan con las mujeres; tras el asesinato del padre deviene su ingesta ritual (antropofagia) en un banquete que será el origen de las celebraciones religiosas: es la "comida totémica", origen de la primera fiesta de la humanidad; todas las demás sólo repetirían ese acto fundador. Para Freud, Dios es el padre asesinado sublimado, con lo cual se da el deicidio original; y de ahí a la teofagia hay un paso.

Otra hipótesis errada y no obstante "de moda" relacionada con el origen de la antropofagia es el del sacrificio de un camello: el caso del "camello de Nil". La historia es la siguiente: en la segunda mitad del siglo IV vivió un monje llamado Nil en el Monasterio del Monte Sinaí; los beduinos saquearon el monasterio y Nil observó cómo los asaltantes sacrificaban un camello "a la estrella de la mañana"; sobre un altar groseramente improvisado con piedras despedazaron y devoraron vivo a un camello a una velocidad inusitada (como poseídos por el mismo furor que las ménades antes comentadas); William Robertson Smith consolidó el prestigio de estos datos y aseguró que se trataba de «la más antigua forma de inmolación conocida entre los árabes», y para demostrarlo sólo había que recurrir al testimonio del monje del siglo cuarto. Este suceso alcanzó tal divulgación y prestigio que nadie osó contradecirlo, incluso aunque no se estuviera de acuerdo con él. A principios del siglo XX la anécdota del camello se encontraba en todos los libros y tratados de historia de las religiones, de antropólogos, etnólogos, etc. Sólo tiempo después G. Foucard se atrevió a decir que aquel episodio relataba sólo una anécdota, y basar en ella toda una teoría general que explique la teoría religiosa de la humanidad era simplemente descabellado:

> «Y en lo que representa al camello de san Nil, no dejaré de creer que no merece llevar a sus espaldas el peso de los orígenes de la historia de las religiones»[59]

---

[59] G. Foucard. *Histoire des religions et méthode comparative,* 2ª ed., París, 1912, p. 65. Citado en ELIADE, Mircea. *El vuelo mágico.* Madrid; Siruela, 1995. p. 216.

Esta anécdota del camello de Nil es recogida incluso por Renée Girard, quien también se hace eco del sacrificio del camello, tumbado sobre un altar de piedra al que los asistentes daban tres vueltas; posteriormente el oficiante realizaba la primera herida sangrante al animal y bebía de su sangre; acto seguido los demás asistentes se abalanzan como poseídos sobre el camello, despedazan con sus espadas trozos de carne y la engullían ávidamente. En unos pocos minutos todo el animal había sido devorado. (No obstante Girard no pretende explicar el origen de las religiones a partir de este rito, aunque intenta demostrar sus hipótesis sobre los fundamentos violentos de lo sagrado.)

Futuros análisis descubrieron que Nil, el monje, no era su autor, sino un seudónimo, y que se trataba de un texto lleno de clichés literarios tomados prestados de los romanos helenísticos. No obstante, al igual que pasó con *Tótem y tabú*, el camello de Nil sigue haciendo aparición en los trabajos científicos como si fuese el rito fundador que explica el sacrificio y la ingesta ritual. Estos dos casos anecdóticos que les hemos mostrado -el error del totemismo en Freud y la historia del camello de Nil- no demuestran ni el origen sacrificial, ni parricida, ni la homofagia fundamental, y no obstante se suelen citar todavía para explicar sus orígenes. ¡Es la moda!, dice Mircea Eliade.

Como ven, la moda -incluso la intelectual- no siempre camina pareja a la verdad, ni incluso hoy día.

Siempre habrá muchas cosas indemostrables según el método científico actual, por eso, obviamente, existen otras estrategias que se antojan a veces más pertinentes, ya que revelan nuevas aportaciones al pensamiento consciente a través de la intuición. Estos métodos no buscan pruebas físicas ni materiales allí donde no se pueden encontrar, pues indagan por otros medios que no pretenden una certeza irrefutable y universal. Al respecto siempre son pertinentes los ensayos de Georges Bataille, ya que sus teorías contienen muchas certidumbres con sólo escudriñar el espíritu humano; sí, el "espíritu", eso tan devaluado y pasado de moda.

Las hipótesis de Bataille gravitan en torno a que a través del sacrificio religioso se toma consciencia de la continuidad y la discontinuidad de los seres vivos: al dar la muerte a la víctima, el sacrificado revela paradójicamente la "continuidad" de la vida, aunque sin él, pues la vida siempre continúa aunque nosotros muramos. Y hablando con propiedad, si atendemos a que una muerte provoca infinidad de formas nuevas de vida en el organismo muerto (gusanos por ejemplo), cabría cuestionarse realmente la muerte definitiva -y total- de dicho cuerpo. A través del sacrificio humano se demuestra la continuidad de la vida, paradójicamente con la interrupción de la misma; este es el fundamento y el conocimiento que se revela en los sacrificios según Bataille: el individuo no es importante, sin embargo, gracias a la inmolación de éste, se manifiesta en la consciencia nuestra insignificancia como individuo y la importancia de la continuidad de la especie.[60]

---

[60] «Desaparecido el ser individual, discontinuo, del animal, había aparecido, con la muerte de ese mismo animal, la continuidad orgánica de la vida; es lo que el ágape sagrado encadena gracias a la vida en comunión de quienes asisten a él. [...] El sacrificio vinculaba el hecho de comer con la verdad de la vida revelada en la muerte» *Íbid.* p. 96-97.

Sea como fuere una cosa queda clara, que el origen del canibalismo ritual no fue de ninguna manera debido a hambrunas, sino una prescripción religiosa: una ingesta ritual colectiva que clausuraba –junto con la cópula en común en algunos casos- el rito sacrificial.

****

Generalmente los detractores del cristianismo han visto en estos ritos antropófagos el antecedente de la eucaristía. Pero si equiparáramos los ritos antropófagos con la eucaristía ello implicaría que también deberíamos equiparar la antropofagia con la teofagia, pues no olvidemos que la víctima siempre es divinizada, lo cual significa que todo acto antropófago es en esencia un acto de teofagia. Visto de este modo resulta fácil asimilar dichos ritos como origen de la eucaristía.

Sin embargo los investigadores cristianos se apresuraron a remarcar las enormes diferencias que separan estos actos histéricos donde se devora carne todavía viva con el rito de la eucaristía, donde lo que se presenta ante el fiel es «comida altamente espiritualizada si no puramente simbólica».[61] Al respecto cabría argumentar que esto puede ser debido a la degradación del símbolo, a la imposibilidad de vivirlo como antaño, según da cuenta el propio Eliade. Antes vivían el símbolo plenamente, hoy en día sólo bajo formas vacías de contenido.[62]

---

[61] ELIADE. *Op. cit.* p. 217.

[62] «La última cena se propone, a todos los efectos, como un acto de canibalismo sacrificial, por más que, tal como se celebra la misa, este aspecto resulta casi omitido.» VV. AA. *Imágenes de culto: arte sacra para el siglo XXI* . [cat. exp. Sala Parpalló, 1998] València; Diputació Provincial de València, 1998. p. 39.

De cualquier manera la *Santa Cena* propone los mismos presupuestos teóricos que los ritos sacrificiales, pues al fin y al cabo la *Última Cena* es la representación escenografiada y simbólica del sacrificio de Cristo a través de la ingesta, donde el pan y el vino simbolizan su carne y su sangre: la esencia es la misma. Cristo es el cordero de Dios sacrificado, el animal totémico.

El banquete de un colectivo implica una "concentración de energía vital", y lo característico de todos los banquetes es que entrañan a su vez un exceso. Estas comidas en comunión se dieron tanto en las fiestas agrícolas del neolítico como en las conmemoraciones de los muertos, y se realizaban junto a la misma tumba para que el difunto pudiera disfrutar de sus beneficios. Hay diversas maneras de contagiarse esa energía vital y sus propiedades sagradas: por contacto y por ingesta son los más comunes. La naturaleza sagrada de lo ingerido pasa así al cuerpo profano del que lo come y se convierte automáticamente en alimento sagrado debido a las propiedades salvíficas que posee la víctima sacrificada. Si rezar ante una figura religiosa o tocar un objeto mágico nos reporta salvedad y salud, ¡cuánto más lo será si ingerimos un cuerpo divino como el de Cristo!

En el catolicismo se entiende que bajo la hostia consagrada permanece Cristo de forma verdadera y real, substancial. Ciertamente para el neófito en teología cristiana puede resultar muy extraño lo que estamos diciendo, aunque cabe recordar que incluso en tiempos del propio Jesús sus palabras sobre "el pan eucarístico" ya causaron conmoción. En el evangelio de *Juan* se recoge que algunos discípulos lo abandonaron por no entender el verdadero sentido alegórico de sus palabras cuando hablaba sobre el "pan vivo". Juan dice lo siguiente:

«Disputaban entre sí los judíos, diciendo: ¿Cómo puede éste darnos a comer su carne? / Jesús les dijo: en verdad, en verdad os digo que, si no coméis la carne del Hijo del hombre y no bebéis su sangre, no tendréis vida en vosotros. / El que come mi carne y bebe mi sangre tiene la vida eterna y yo lo resucitaré el último día. / Porque mi carne es verdadera comida y mi sangre es verdadera bebida. / El que como mi carne y bebe mi sangre está en mí y yo en él». (*Juan*. 6, 52-56).

Las semejanzas de estas palabras con los ritos antropófagos son manifiestas, es más, la semejanza de algunos pasajes de las Sagradas Escrituras con los mitos de muerte y resurrección de la Antigüedad son tan evidentes que resulta difícil refutar que no pertenezcan al mismo tipo. En los primeros siglos del cristianismo los fieles sintieron un poco de confusión al respecto, pues no estaban seguros de si esos actos constituían abominación por la posibilidad de que la hostia se pudiese des-transubstanciar y volverse trocitos de carne y sangre en la boca del fiel. Las reservas y desconfianza ante tal tipo de ingesta son comprensibles.

****

Algunas tribus antiguas contemplaron en sus enseñanzas la relación entre la homofagia y el erotismo, y alguna que otra secta dentro del cristianismo también. En el cristianismo oriental, en la secta rusa de los skopzi (castrados), más de una skopiza quedó embarazada de forma "prodigiosa" como la Virgen María. Entonces tenía que representar el papel de Virgen con la salvedad de que al octavo día del nacimiento del niño (fecha propicia para realizar la circuncisión, al igual que Jesús), se le sacaba el corazón al bebé, se bebían su sangre (equiparada a la sangre de Cristo), y su cuerpo (secado como panecillos) era utilizado para la comunión igual que una oblea, de modo similar al cuerpo de Cristo.

El parentesco más evidente entre la ingesta sacrificial y el erotismo se ve más claro en aquellas sectas que comulgaban con semen. La comunión con el semen se ha dado en diferentes culturas y no sólo orientales (adeptos del Tantra y el Tao), sino también en sectas gnósticas del mediterráneo (adoradores de Barbelo y otros). Entre ellos, el semen y la sangre menstrual se ingerían para reintegrarlos al Gran Todo. En el tantrismo hindú el semen se derramaba como una especie de oblación, o sea, una ofrenda sacrificial.

En el catolicismo esa relación no es evidente, es más, parece que bajo las formas litúrgicas actuales no se pueda rastrear ningún indicio erótico. Sin embargo, si quisiéramos especular teóricamente acerca del nexo entre la eucaristía y el erotismo, deberíamos acudir a algunas biografías –por supuesto extremas- que se dieron. Vamos a elegir unos casos anecdóticos precisamente porque dichos individuos reflejan más nítidamente la significación del acto que realmente estaban acometiendo, es decir, una teofagia[63].

---

[63] «...los cristianos olvidan que el sacrificio de la misa conmemora un hecho abominable –la muerte de Dios- y que comulgar consiste, en virtud del misterio de la Eucaristía, en consumir sangre "real" y carne "real". Peor

El pretender que un fiel se coma a su Dios ha tenido consecuencias curiosas para la psique de algunos creyentes. Es lógico que ante tal alimento divino, insuperable por lo demás, las otras sustancias de las que nos nutrimos no merezcan ya nuestra atención, pues no son sino simples nutrientes para el cuerpo y no para el alma. Acaece así una forma anoréxica donde los alimentos que no son la sagrada forma son desestimados y rechazados categóricamente.

Se cuentan historias de personas de gran devoción que sólo necesitaban alimentarse de la hostia, alimentándose de ella y rechazando todo lo demás durante el resto de la semana hasta el siguiente domingo, donde otra vez, la sola ingesta de una oblea le servía de alimento hasta la siguiente semana. Caesarius de Heisterbach cuenta la anécdota de una mujer de pueblo donde el obispo, asustado ante la renuncia total de la señora de alimentarse, la engañó dándole una hostia no consagrada; tal argucia no la advierte la mujer, sin embargo, al llegar a casa, un hambre atroz corroía a la mujer y no cesó de comer; al contárselo a su confesor le administró una hostia consagrada y el hambre desapareció.

Algunas historias del siglo XV cuentan ayunos de hasta cuarenta días consecutivos pertenecientes a la cuaresma. Otros pretendidos milagros de estos ("Milagros póstumos de Walburga" 710-777.) fechados en el siglo IX pretenden que una mujer estuvo tres años sin probar nada más que la santa oblea. La franciscana reformada Colette de Corbie, a finales del siglo XV, recibió una visión un tanto peculiar, donde se la apareció Cristo pero no bajo la forma a la que estamos acostumbrados con un rostro sereno y pacífico, sino bajo la

---

o mejor que un acto de antropofagia: la teofagia.» DEBRAY, Régis. *Vida y muerte de la imagen.* Barcelona; Paidós, 2002. p.34.

apariencia de un plato de comida compuesto por «carne trinchada de niño», mientras escuchaba la voz de Dios Todopoderoso diciéndole que era a causa del pecado de los hombres por lo que su hijo había sido desmenuzado en trocitos pequeños. Algunos místicos encontraron por semejantes razones el origen de sus arrobos en la ingesta de la Sagrada Forma. Todo este entresijo evidencia al menos que existe un trasfondo significativamente inconsciente en el hecho de comer "el Cuerpo de Cristo". Es como si el plano simbólico en el que se enmarca tal acción no pudiera sustraerse completamente a su origen ontológico, es decir, la *omophagía* (homofagia) primordial, aquella que fundamenta los orígenes de la religión y de la sociedad: el asesinato y el canibalismo de Dios.

Las biografías de estos individuos tan particulares posiblemente se encasillarían hoy en día bajo ciertas patologías clínicas, sin embargo, estas manifestaciones que rozan lo enfermizo, esos posibles "signos traumáticos", no expresan más que la esencia brutal y bestial de tal acto: la verdadera cara oculta del símbolo, donde la mente tras conocer la esencia atroz del símbolo ya no puede volver a ser la misma. Existen más casos de esta índole, evidentemente casos piadosos. No pretendemos dar un sesgo vulgar ni anecdótico al presente estudio, sino servirnos de estos casos para ilustrar que los conceptos que estamos tratando tienen un reflejo sintomático en la psique humana, o sea, que no es sólo teoría sino que se materializa en ejemplos concretos.

Evidentemente estos hechos pertenecen, no obstante estar documentados, a la leyenda y a las narraciones piadosas de la época. Sin embargo incluso las fantasías populares ocultan la psique inconsciente de la sociedad, reflejando con ello las peculiaridades de la mente humana. Estas historias descubren unas particularidades a través de las cuales podemos rastrear la psicología religiosa de un tiempo dado.

Todos estos comportamientos extraños ante la ingesta sacrificial sólo pueden manifestar que se trata de un rito altamente significativo y sugestivo para la esencia psíquica. La carne humana posee un valor sacrificial por ser un elemento prohibido tan pronto se instauró lo que podríamos decir la "civilización"; y enlaza de esta manera con la transgresión que se opera también en el erotismo: comer carne humana es tan prohibido o más que copular libremente de forma profana. En cierto modo, la carne humana ingerida posee un valor carnal que es el mismo valor supremo que posee el erotismo: la carnalidad de los cuerpos.

La eucaristía se relaciona con los ritos antropófagos en los que se inmolaba a una persona y después se daba rienda suelta al erotismo más transgresor, aquel que se saltaba las normas establecidas como la prohibición del incesto. (Según Levi Strauss el origen de la civilización se debiera establecer cuando se prohibió el incesto). Si antaño relacionaban ambas transgresiones (la ingesta de carne humana y el erotismo no regulado por normas), era porque uno y otro guardaban una relación evidente para la psique profunda de aquellos individuos, que recordemos eran más proclives que nosotros a conocer intuitivamente la naturaleza humana. El acto "natural" tras comerse a Dios -puestos a transgredir lo prohibido-, era continuar infringiendo las normas, en este caso las sexuales, lo cual se realizaba a través de la orgía, ya que ambos actos (comer y copular) eran sagrados por igual.

El cuerpo de Cristo –carne en definitiva- no está exento de ese valor transgresor y erótico, pues la eucaristía tiene una valencia erótica. Junto con el banquete ritual donde los hombres arcaicos se comieron a Dios, se dieron acoplamientos carnales no menos sagrados que la ingesta de carne divina. Bataille decía que la carne sacrificada e ingerida tenía un valor erótico: el de la transgresión carnal.

En la eucaristía cristiana, el cuerpo místico de Cristo representa una vivencia común que tiende a cohesionar al grupo de fieles y simboliza la fraternidad comunitaria: la comunión no es sólo con Dios sino con todos los creyentes que comulgan. El vino es su vehiculizador, y el cuerpo individual del fiel se adhiere al cuerpo colectivo de creyentes. En este punto no es muy distinto el principio que gobierna la eucaristía del que rige la orgía, pues lo importante en las dos es la función social del grupo y su cohesión y fortalecimiento. Numerosos grupos y sectas cristianas, entre ellas los adamitas y los nicolaítas, llevaron hasta sus últimas consecuencias estos fundamentos de la eucaristía y sus rituales solían acabar con orgías colectivas: una comunión no sólo espiritual sino también física. La relación entre el rito eucarístico y las bacanales son de sobra conocidas, pues ambas son ritos colectivos que sustentan la comunidad, igual que la función de la orgía era cohesionar y vertebrar al grupo social. Por ese motivo para algunas sectas el matrimonio era un pecado: porque se posee al otro, porque se privatiza el cuerpo y el amor físico, porque la pareja se posee mutuamente y se aísla, perdiendo de este modo la comunión con el colectivo.[64]

---

[64] Al respecto véase Maffesoli, *op. cit.* p. 158-9.

En el cristianismo parece que esa esencia carnal y erótica de la eucaristía haya desaparecido. Pero aquí hay que tener en cuenta la transmutación del Eros platónico en el ágape cristiano en tanto que una forma distinta de amor se trata: un cambio de dicho sentimiento vaciándolo de toda concepción violenta característica del erotismo de la Antigüedad. No obstante es de suponer que un detrito erótico persiste todavía en la mente del creyente bajo forma inconsciente (pues los símbolos nunca pierden su valor) pero hasta un extremo tan degradado que sería posible que estuviera perdiendo su esencia original y animal, violenta y caníbal.

****

Fue noticia: En julio de 2009 una estadounidense decapita y se come a su hijo de tres semanas. El padre de la criatura abandonó a la madre una semana antes. La mujer declaró que el demonio se lo ordenó; los médicos declararon esquizofrenia y psicosis post-parto. Esta última sacerdotisa ménade se halla ahora internada paradójicamente en un centro profano y laico, donde la ciencia psiquiátrica intentará dar respuesta a su comportamiento sin contar siquiera con la hipótesis religiosa.

LAS NEUROCIENCIAS Y LA EXPERIENCIA RELIGIOSA

Hasta ahora hemos pretendido establecer una relación entre la religión y el erotismo de la mano de clásicos y filósofos; intentamos indagar en el terreno de la mística para ver esa relación erótica de la cual el místico no se puede librar; nos fuimos al lado de la psicología profunda para procurar esclarecer desde allí la posible correspondencia que se da entre la experiencia religiosa y el erotismo en la psique del sujeto, sus regresiones; de igual modo abordamos en otro volumen distinto el nexo existente entre la inspiración y la creatividad, la relación entre las visiones del místico y las creaciones artísticas, ambas como sublimaciones del instinto sexual (al respecto véase *El intríngulis erótico del arte cristiano*); y ahora, dando un paso más, intentaremos acercarnos a las neurociencias actuales para ver qué nos dicen sobre la relación entre los arrobos místicos y el erotismo. Vamos a ver si también existe dicha correspondencia para las neurociencias de hoy en día.

La psicología y el psicoanálisis fueron las mejores herramientas en su momento para explicar el fenómeno religioso, pero una emergente rama científica les ha robado protagonismo: las neurociencias. Hoy día las neurociencias consideran que el cerebro es el responsable de interpretar toda la realidad exterior que nos circunda así como la propia, por eso debemos indagar inevitablemente en esta rama.

El mayor problema de las neurociencias –y vamos a decirlo claramente de una vez por todas- es que necesitan ver para creer, así de claro. Esto significa que están supeditados a la eficacia del instrumental a través del cual observan los cambios del organismo, están a merced de la tecnología. Las ciencias actuales que se ocupan de la mente humana parecen centrarse únicamente en la fisiología del sujeto, en los aspectos materiales y visibles, por lo cual están sujetas a la digitalización de la imagen cerebral para ofrecer un diagnóstico acertado. Qué lejos quedan aquellas hipótesis basadas en unos métodos que no desestimaban la interpretación de las palabras, de los símbolos y los sueños del paciente, donde el médico tenía que hacer un esfuerzo de abstracción y síntesis para dar forma al caos que suponía la mente del individuo. Entonces la vida emotiva estaba íntimamente imbricada en la salud psíquica, pero ahora ha perdido ese halo romántico, ya no hay lugar para la intuición del médico y parece que las turbaciones del paciente son reducidas a moléculas y química cerebral. ¿Dónde queda la vida emocional del sujeto-paciente? ¿Acaso no interviene en la experiencia religiosa el estado afectivo de éste hasta el punto de poder decir que la causa de su alteración molecular es precisamente su estado anímico y no al revés?

Generalmente se suele atribuir a un cambio químico el origen de las experiencias religiosas extremas, sin embargo podría ser precisamente al revés: las emociones del sujeto son las que provocan el cambio químico. ¿O es que no está íntimamente relacionada la psique con la fisiología, no es ella la que produce cambios y causa enfermedades tanto físicas como psíquicas en este organismo psicosomático nuestro? Nos adentramos en mundo visto con otros ojos: con los ojos de una máquina y su posterior interpretación humana. Vayamos por partes y empecemos de la mano de Francisco Mora, eminente erudito español doctor en Medicina y en Neurociencias, catedrático de Fisiología Humana y Fisiología Molecular y Biofísica.[65]

La psicología evolutiva alega que debemos tener en cuenta toda la historia de la evolución para comprender el cerebro humano, pues éste está sujeto a la biología. Siendo así, debemos saber que el cerebro es el resultado de un proceso evolutivo de más de 500 millones de años. Enigmas de la vida han querido que en sólo dos o tres millones de años hayamos aumentado el peso del cerebro considerablemente. Creíamos que el mayor tamaño del cerebro respecto de la masa corporal explicaba nuestra superior inteligencia, pues tenemos siete veces más cerebro que el que corresponde en los mamíferos por relación "cerebro-peso corporal", lo que significa que respetando esta relación deberíamos pesar varias toneladas. Sin embargo algunos estudios han desestimado tal relación, pues existen animales con mayor cerebro que nosotros, tanto en términos relativos como

---

[65] Es difícil encontrarse con científicos que tengan en cuenta a las humanidades a la hora de emprender sus disquisiciones, sin embargo Francisco Mora -uno de los responsables de la gran difusión de las neurociencias por las librerías españolas- es uno de esos que cree que la suma de los conocimientos es el camino a tomar por muy fatigoso que sea: «Quiero creer que es, en todo caso, de la conjunción entre conocimiento científico y humanístico como se puede obtener, de forma más sólida y contrastada, una concepción de cuanto acontece en el mundo y en nosotros mismos». Mora, Francisco. "Cerebro y experiencia mística". En: MARTÍN Velasco. *La experiencia mística. Estudio interdisciplinario.* Madrid (Trotta) y Ávila (C.I.E.M.), 2004. p. 169.

absolutos, que demuestra que el tamaño no explica por sí sólo la singularidad de la mente humana.[66]

El hombre comenzó a utilizar su cerebro como "máquina capaz de predecir y elaborar ideas". Se estima que el lenguaje empezó en el cerebro del *Homo habilis* hace dos millones de años. Tenemos 100.000 millones de neuronas, y un billón de otras células (glía) entre ellas, que son las encargadas de su alimento y protección y participan por medio de señales químicas como neurotransmisores. Ante cifras tan abrumadoras sólo nos cabe reconocer nuestra ignorancia incluso para el funcionamiento de nuestro propio cuerpo.

En los años 50 y 60 se determinó que el cerebro actuaba por medio de ondas cerebrales, las cuales cambiaban dependiendo de las acciones mentales que se estuviesen llevando a cabo, como trabajar, meditar, hacer el amor, etc. Es decir, que observaron cambios en la corteza cerebral dependiendo de cada situación en concreto. Sin embargo no nos decían nada de por qué cambiaban, o qué regiones cerebrales eran las responsables de esos cambios.

Hace pocas décadas, cada vez más publicaciones y un mayor número de científicos se han dedicado a la investigación del cerebro para determinar las causas de las experiencias religiosas, y cada cual desde su terreno todos emprendieron una carrera precipitada por descifrar antes que nadie el "qué", el "cómo", y el "por qué" de las experiencias místicas y de la religiosidad. Antes fue la psicología, pero ahora aparecen nuevos departamentos como la neurobiología, la neuropsicobiología, la neuroteología... en

---

[66] *Investigación y Ciencia.* (Revista de divulgación científica) Noviembre, 2009. nº. 398. p. 58.

fin, neurociencias. Todas ellas comparten un mismo sino: descubrir las bases neurológicas de las experiencias místicas y espirituales; todas han tenido su Revelación, todas se han erigido en Profetas.

Pero el funcionamiento del cerebro humano todavía tiene y tendrá, por los siglos de los siglos amén, sus lagunas; y es de prever que sus más recónditos misterios continuarán siéndolo por mucho tiempo, aunque sepamos que determinadas zonas cerebrales se ocupan de distintas funciones mentales, y que funciones tales como el lenguaje, las emociones, los números, etc., tienen un lugar específico en el cerebro. Es decir, que cada acción, cada función mental, acciona unas determinadas áreas cerebrales y no otras.

Esta precisa ubicación cerebral para cada función mental trajo pareja una idea prometedora: si cada zona cerebral tiene una función diferenciada de las otras zonas, ello implica que conociendo el "mapa cerebral" podremos estudiar mejor cada determinada área y así, estimular eléctrica o químicamente esa zona para observar los efectos provocados y conocer mejor las funciones de cada área.

Cada zona cerebral opera en unas condiciones normales a un ritmo determinado, lo cual quiere decir que una actividad menor o mayor en esa zona cerebral modificará sustancialmente nuestro comportamiento y nuestra forma de aprehender la realidad. Por este motivo se pensó que para que la actividad mística tuviera lugar, ciertos circuitos cerebrales protagonistas de dichas experiencias religiosas debían ser interrumpidos, y esos circuitos son los siguientes: la actividad en la amígdala, por ser la que registra entre otras cosas el ambiente y el miedo; la del lóbulo parietal, que es el que nos orienta en el espacio y diferencia entre el yo propio y

EL EROTISMO Y LA RELIGIÓN

el mundo exterior; y la de los circuitos frontales y temporales, que son los que nos dan la noción del tiempo y de la autoconsciencia. En teoría estos circuitos deben ser desactivados o bien trabajar a un ritmo menor para que podamos gozar de un arrobo extático.

Hoy en día es más fácil identificar los circuitos cerebrales que tienen mayor o menor actividad durante los trances místicos, pues disponemos de aparatos basados en tomografías funcionales por espín nuclear (RM y PET). Por medio de estas máquinas que consiguen ver el interior de nuestro cerebro se han hecho muchos experimentos con individuos religiosos cuando estaban en momentos de máxima concentración (por ejemplo budistas tibetanos meditando o monjas franciscanas en oración), para ver qué áreas cerebrales eran alteradas en esos momentos en los que se dedican a sus hábitos religiosos.

El funcionamiento de esta máquina básicamente detecta el nivel de flujo sanguíneo que corre por nuestro cerebro, pues el incremento de la actividad cerebral provoca que las neuronas consuman más oxígeno y azúcar; por lo tanto se puede conocer las áreas cerebrales con mayor o menor actividad de lo normal gracias al nivel de flujo sanguíneo. La prueba susodicha con estos religiosos se realizó con el aparato denominado SPECT. Y como era de esperar según la hipótesis inicial, se iluminó la zona de la corteza prefrontal, pero el lóbulo parietal, que es el área de "asociación y orientación" que procesa la información de la orientación espacial y la diferenciación entre nosotros mismos y el resto del mundo, se apagó. Obviamente, al dejar de activarse esta zona del cerebro no se procesa la información necesaria para situar al sujeto en el lugar que le corresponde, por lo que la distinción entre el yo y el resto (o lo otro) no se realiza, y por esta razón el individuo siente que está integrado en una totalidad cósmica, conectado con todo el universo, ya que su Yo ha perdido las fronteras que lo separan del resto.

La conclusión provisional que podemos extraer de la psiquiatría biológica es que estos procesos que ocurren en el cerebro de los místicos son procesos fisiológicos naturales que provocan una mayor o menor actividad en determinadas zonas cerebrales. Ante tal hecho Ramachandran nos dice lo siguiente:

> «La única conclusión clara que podemos sacar es que en el cerebro humano existen circuitos neuronales que intervienen en la experiencia religiosa y que en algunos epilépticos estos circuitos se vuelven hiperactivos».[67]

También se ha barajado la posibilidad de que las epilepsias del lóbulo temporal provoquen visiones místicas, aunque no hay nada definitivo: unos defienden que estas epilepsias sí pueden provocar experiencias místicas y otros niegan la conexión entre la epilepsia del lóbulo temporal con la religiosidad.

Respecto de las visiones debemos decir que entran en juego otros factores culturales y mnemónicos. Por ejemplo: cuando vemos un símbolo religioso, una cruz por ejemplo, el área de asociación de actividad visual la interpreta y la asocia con las emociones y memorias que a lo largo de la vida hemos experimentado con ese símbolo. Entonces se vincula ese símbolo a las emociones y sentimientos y le otorgamos un

---

[67] V.S. Ramachandran y S. Blakeslee. *Fantasmas en el cerebro.* Debate, Madrid, 1999. Citado en Mora, Francisco. En: MARTÍN. *Op. cit.* p. 182.

valor dependiendo de las vivencias y recuerdos. Las visiones producidas en algunos rezos y meditaciones surgen también en esta área de asociación, por lo que se estima que la estimulación eléctrica del lóbulo temporal produce visiones.

Así pues, tras observar que efectivamente sí se producen cambios en el cerebro de estos religiosos cuando están en sus meditaciones y pláticas, lógicamente el siguiente paso fue alterar artificialmente esas áreas cerebrales en otros pacientes no predispuestos religiosamente, para ver si los resultados eran similares a los de los religiosos. De ser así, de obtener los mismos resultados en pacientes no religiosos simplemente alterando las áreas cerebrales oportunas, la predisposición religiosa y la fe no serían los responsables directos de las experiencias místicas, ¡sólo sería cuestión de cambios eléctricos y químicos en nuestro cerebro, sólo física y química!

Estos experimentos actuales estimulan una determinada área cerebral por medio de fármacos o por impulsos eléctricos, ya que se supone que la estimulación eléctrica (por ejemplo el lóbulo parietal o la amígdala) es lo que provoca las visiones y arrobos místicos. La "estimulación cerebral profunda" es una derivación del famoso y temido "electroshock" (terapia electro-convulsiva: TEC) pero con bajo voltaje eléctrico que se aplica sólo a determinadas áreas cerebrales para minimizar riesgos y efectos secundarios de nivel cerebral general.

Gracias a la reciente "cartografía general" resultante de las pruebas con electroestimulación cerebral se conoce en qué áreas decisivas hay que intervenir para mejorar el estado de enfermedades como la de Parkinson. Los resultados en estos casos son realmente asombrosos, magníficos, hasta el punto de que el paciente deja de súbito de temblar tan pronto se le conectan las pequeñas descargas. (Recomiendo al lector ver vídeos de estos experimentos y comprobará atónito que el paciente, tras las descargas, parece ser otra persona totalmente distinta con la total desaparición de los síntomas). El aparato que se ha diseñado para tal fin tendrá electrodos en el cerebro (en la zona que se requiera) e irá conectado a una pequeña batería debajo de la clavícula (a modo de marcapasos) que se activará cuando el paciente lo precise.

Entonces, una vez comprobado que activando artificialmente determinadas áreas cerebrales se podían obtener los resultados deseados en los pacientes, a los investigadores se les ocurrió la genial idea de inventar la "máquina de Dios" (*God machine*), de Michael Persinger, lo cual no es sino un casco con solenoides para crear un campo magnético débil en esas determinadas áreas cerebrales para comprobar si se podía recrear una experiencia religiosa en un individuo no-creyente. En tales experimentos se observó que los voluntarios estimulados en dichas zonas cerebrales sintieron sensaciones descritas como sobrenaturales o espirituales, sensaciones de lo divino, similares a los primeros experimentos con los religiosos mientras meditaban y oraban.

A partir de ahí tendimos a pensar que estas pequeñas descargas eléctricas eran las que originaban las experiencias religiosas profundas, y que en los individuos religiosos propensos a los trances místicos estas pequeñas descargas eléctricas se producían por causas naturales. Ante tal descubrimiento se creyó que la razón de ser de estas "tormentas eléctricas", naturales en el religioso, eran debido al estrés, a la ansiedad, la glucosa baja, la falta de oxígeno en sangre o la fatiga.

****

Hasta ahora hemos visto que parece ser existe una relación entre la actividad neuronal en determinadas áreas cerebrales y la experiencia religiosa. Ahora vamos a intentar esclarecer si esas perturbaciones neuronales son las causantes de la sensación erotizante que se da en los arrobos, pues quiérase o no, es eso lo que nos interesa para nuestros propósitos: clarificar el por qué existe una relación entre la mística y el erotismo.

Al respecto hay que subrayar que ese "tránsito erótico" es en cierto sentido análogo al acaecido durante la creación artística. Si logramos esclarecer algo en este asunto podremos comprender tangencialmente la razón de ser de las pinturas que muestran de alguna manera los genitales de Cristo. Vayamos pues sin más dilación a buscar lo que nos interesa: la relación de las experiencias religiosas profundas con el erotismo.

Tratábamos hace tiempo y en otro lugar sobre algunas hipótesis de psicólogos que advertían que el paso de determinados contenidos psíquicos del inconsciente a la consciencia eran placenteros por sí mismos, y que tal hecho era uno de los factores causantes del mecanismo que entendemos por inspiración. Dijimos entonces que existía una correlación entre la gente cuyos pensamientos inconscientes tienden a pasar a su conciencia y las experiencias espirituales y artísticas; o sea, que los individuos con estas capacidades de trasvases del inconsciente a la consciencia eran más propicios a tener experiencias religiosas y artísticas. (Al respecto véase *El intrínguiserótico del arte cristiano,* capítulo "La inspiración y la creatividad eróticas").

Por desgracia o por fortuna los científicos todavía no han determinado las causas naturales por la que ciertos contenidos inconscientes pasan a la consciencia. Queda claro que existen estrategias terapéuticas como la hipnosis, pero de esa forma el trasvase no es natural, sino inducido. Se ha teorizado una y otra vez sobre las regresiones y las disociaciones, las cuales se piensa que son provocadas por una actividad eléctrica inusual en algunas regiones cerebrales; y en efecto, parece ser así, pero no pueden sin embargo definir con precisión las causas que originan ese trasvase del inconsciente. Estamos en una especie de vía muerta.

De momento quedémonos con este dato: la disociación parece reflejar una inusual actividad eléctrica en algunas regiones cerebrales, al igual que en los experimentos comentados antes en que se estimulaban determinadas áreas cerebrales. De esta forma todo da a entender que efectivamente sí existe una base neuronal que sería la causante de las experiencias religiosas, las cuales se explicarían por una actividad eléctrica y natural en esas zonas en concreto. Una de estas zonas es el lóbulo temporal, situado justo al lado de otra área que rige las funciones del lenguaje, la cual se piensa que también se ve afectada, lo que explicaría las voces de Dios que escuchan algunos religiosos. Pero hay otras zonas que también se ven afectadas en esos trances, en concreto el sistema límbico, el cual parece tener la clave para interpretar este aparente caos.

Debajo de la corteza cerebral -ese inmenso hongo arrugado- está lo que se conoce como sistema límbico. Las estructuras neuronales del sistema límbico son las encargadas de elaborar la "humanidad" propia del hombre produciendo la emoción y los sentimientos. El sistema límbico es el encargado de la concepción "placer" o "castigo", las cuales están ligadas a la supervivencia, pues cualquier conducta humana está ceñida en cierto modo a dicha supervivencia (por lo que este mecanismo que codifica el placer y el dolor queda relacionado con más aspectos de los que creemos). En ese sistema límbico está la amígdala, y si disminuye su actividad se anula nuestra sensación de miedo y aumentan las endorfinas, que son las que nos provocan placer. La amígdala es como la "entrada de información", y está involucrada, cómo no, con las experiencias religiosas[68].

Se han realizado experimentos con ratas para corroborar estas hipótesis, y comprobaron que al estimular eléctricamente su sistema límbico experimentaban un proceso de aprendizaje extraordinariamente rápido y fuera de lo normal, como si hubiesen aprendido la tarea que se esperaba de ellos de una forma espontánea. Nos explicamos: la rata tenía que accionar una palanca que le producía descargas eléctricas en su sistema límbico, y los investigadores vieron sorprendidos que accionaba la palanca sin cesar, una y otra vez. La conclusión fue tajante: no es que las descargas eléctricas tuvieran un poder especial de

---

[68] Para todo lo anterior véase Mora, Francisco. En: MARTÍN. *Op. cit.* p. 174.

estimular el aprendizaje del animal para que apretara la palanca, sino que la estimulación eléctrica de esa parte del cerebro era altamente placentera, y por eso el animal volvía a accionar la palanca una y otra vez[69].

El resultado de este experimento fue asombroso: la rata dejó de comer y beber con tal de continuar dándose placer hasta el punto que murió de inanición, murió extasiada de orgasmos. Aunque ya se sabe: por norma general el cerebro sufre adicción tanto al placer como al sufrimiento psicológico. Paradojas de la vida y paradojas del cerebro: él, que no siente dolor y puede ser intervenido quirúrgicamente sin notarlo (de hecho ciertas veces al paciente se lo mantiene despierto para guiar al cirujano), es el principal responsable de que sintamos dolor físico y, lo que es más importante, es el causante de tanto y tan grande dolor psicológico; él que siente dolor.

Por supuesto que esto no podía quedar así, pues se debía corroborar las hipótesis de que tales descargas cerebrales eran placenteras, y, ¿qué mejor forma que realizar el experimento con humanos, que son a fin de cuentas los que mejor nos pueden explicar con sus propias palabras las sensaciones que han experimentado? Tras los experimentos todo indicaba que efectivamente estas alteraciones neurológicas provocadas a los pacientes eran las causantes de

---

[69] Estimulando eléctricamente la amígdala y el hipocampo (epilepsia artificialmente provocada) en animales violentos (*macacus rhesus*), éstos se comportaron contrariamente a sus instintos, es decir, se dejaron acariciar y se mostraron apacibles y mansos. Tan pronto cesaron las post-descargas, retornaron a su comportamiento violento. Estos monos son muy especiales: comparten el 93% de los genes con el humano y destaca de ellos lo mismo que en nosotros: la inteligencia social, lo cual los hace compartir ciertos modos de conducta social humana como la competitividad entre individuos, la inteligencia maquiavélica, etc. Dicho de otro modo: los descubrimientos con estos macacos tal vez podrían aplicarse a humanos.

los raptos místicos, y que sus efectos son considerados por nuestro organismo tan placenteros como un orgasmo. Las respuestas de los pacientes confirmaron nuestras sospechas: existe un nexo inextricable entre la religiosidad y el erotismo.

Al respecto vale la pena recoger las palabras de Francisco Mora, pues sólo así nos haremos una idea de la suma importancia que tiene este descubrimiento para nuestro estudio.

«En el ser humano también ha sido demostrado este fenómeno. En concreto, el estímulo eléctrico de áreas cerebrales límbicas como el septum, la corteza prefrontal o el cíngulo ha dado lugar a sensaciones placenteras de tipo sexual. En particular, la estimulación del septum se ha descrito como sensaciones semejantes a las del orgasmo. [...] Durante la descarga neuronal los pacientes experimentan grandes sensaciones emocionales y de emotividad que describen como sentimientos que «incendian» su vida, con arrobamiento y felicidad [...] Algunos pacientes describen tener la sensación de la presencia divina y estar en comunicación directa con Dios; *"Por fin lo entiendo todo"*; "Este es el *momento que he esperado toda mi vida"*; *"De pronto todo tiene sentido"*; *"He penetrado la auténtica naturaleza del cosmos"*. Estos estados, como los descritos en los primates, suelen durar sólo segundos o minutos cada vez. [...] Las epilepsias llamadas del lóbulo temporal producen en algunos pacientes este mismo tipo de descripciones y terminan creando lo que se conoce como "personalidad del lóbulo temporal". Son pacientes que experimentan conversiones religiosas súbitas, hiperreligiosidad, hipergrafía y prolijidad en el discurso».

«Con el tiempo lo vi todo claro, doctor, como el agua, ya no albergaba ninguna duda. Tenía claridad, contacto con la divinidad y se perdían las categorías y las fronteras. Sólo había Unidad con el creador». El médico le pidió que le explicara todo aquello de un modo más concreto. Y aquél contestó: *«No es fácil, doctor. ¿Cómo explicar el orgasmo sexual a un niño que aún no ha llegado a la pubertad? Pues igual. No hay palabras. No tiene sentido.»*[70]

Sí, han leído bien: en algunos pacientes las experiencias religiosas imbuidas artificialmente producen sentimientos de comunión cósmica, arrobo, felicidad, y lo que es más importante: es significativo que no se encuentren palabras para describirlo ¡a no ser que se recurra al simbolismo sexual! (¿cómo explicar el orgasmo sexual?) O sea, que las alteraciones místicas se traducen por su analogía erótica, en donde el trance se explica con términos tales como unión sexual y orgasmo, confirmando con ello la idoneidad del lenguaje místico cuando emplea simbolismos sexuales. ¿Cómo explicar la unión con Dios? pues recurriendo al símil del orgasmo, ya que por su naturaleza son similares.

Para otro autor, el psicoterapeuta y profesor de Psicología de la Religión Domínguez Morano, el hecho místico se trata de una experiencia que no tiene por qué excluir el gozo libidinal y sus manifestaciones en los cuerpos, pues al

---

[70] Mora, Francisco. En: MARTÍN. *Op. cit.* pp. 175-6-7.

sublimar a Eros en la experiencia mística no se anulan sus valencias eróticas. Estas son sus palabras:

> «Es obligado, por tanto, afirmar que si somos capaces de amar a Dios es porque somos seres sexuados, deseantes. Es más, habría incluso que sospechar de una experiencia mística en la que la sexualidad no estuviera de un modo u otro presente. "Siéntese grandísimo deleite en el cuerpo –dice santa Teresa en un reconocimiento que no le causa ningún temor- y grande satisfacción en el alma". La corporalidad se hace así metáfora de la misma experiencia espiritual que se experimenta.»[71]

****

No deberíamos lanzar las campanas al vuelo todavía, al menos en cuanto a ciencia se refiere, pues por suerte y por desgracia las cosas nunca son tan sencillas como parecen y nuevos aportes de la ciencia vienen a sustituir a los viejos, acelerando algunas veces el ritmo de envejecimiento de muchas hipótesis que creíamos ciertas.

Eso es precisamente lo que sucede aquí, a raíz de los nuevos experimentos de los neurocientíficos Mario Beauregard y Vicent Paquette de la universidad de Montreal, publicado en 2006 en la revista *Neuroscience Letters* y de la que se han hecho eco diversos medios de divulgación científica. Este experimento pretendió corroborar la hipótesis comentada anteriormente de la Universidad de California, en

---

[71] Domínguez, Carlos. "La experiencia mística desde la psicología y la psiquiatría". En: MARTÍN. *Op. cit.* p. 216.

donde creyeron haber encontrado "el punto de Dios", o sea, la zona cerebral responsable de las experiencias místicas.

Ese punto estaba localizado según aquellas opiniones en algunas áreas cerebrales como son el lóbulo temporal, el parietal, o la amígdala. Esta vez el nuevo experimento mediante resonancias magnéticas se realizó con monjas carmelitas cuando se encontraban en un estado de unión con Dios, y el resultado puso de relieve que ¡hay muchas y diferentes zonas cerebrales implicadas! (una docena exactamente) de lo que se dedujo que no existe, tal y como se creía, una región cerebral exclusiva para las experiencias místicas, sino que estas alteraciones ocurren a nivel general, no localizadas en un punto en concreto.

Las imágenes demostraron sin lugar a dudas que tales raptos místicos se producen como una red neuronal distribuida ¡por todo el cerebro! ¿Qué significa esto? Pues significa sencillamente que la hipótesis que localizaba las experiencias religiosas en unas determinadas áreas cerebrales ya ha caducado. Y da la sensación de que en vez de avanzar hayamos retrocedido, pues al menos antes teníamos localizado el foco -o eso creíamos- donde residía la religiosidad y por ende Dios, pero ahora nos dicen que la alteración es a nivel general. Estamos otra vez en vía muerta.[72]

---

[72] «Según informa al respecto Scientific American en su edición del 3 de octubre, de este estudio se desprende que los estados místicos profundos, o la experiencia religiosa, implican una amplia gama de regiones cerebrales, más de las que anteriores estudios habían establecido. También descubrieron otra zona cerebral activada, la corteza insular o ínsula, vinculada a las emociones y a los sentimientos, y que podría estar en el origen de las emociones agradables que suelen asociarse a las conexiones

****

No obstante una cosa muy importante sigue siendo válida antes y ahora: que las descargas eléctricas en las áreas cerebrales límbicas provocan arrobos tipo éxtasis, en los cuales la erotización de los sentidos es la nota dominante. Aún a pesar de que los últimos experimentos con monjas carmelitas en estado de *unio mystica* demuestren que las experiencias místicas activan todo un complejo sistema de red neuronal, la activación sólo de ciertas áreas cerebrales como las comentadas también provocan estados similares a los éxtasis, con afectaciones en el organismo tanto a nivel psíquico como físico, es decir, un embargo de los sentidos que se refleja en un cuerpo erotizado.

Otros muchos experimentos no han dejado de sucederse y, no sólo desde la psicobiología, sino desde diferentes ramas como la genética. Tal es el caso de Dean Hamer, genetista del National Cancer Institutes de Estados Unidos, quien afirma que existe un gen denominado VMAT2 (gen de Dios) que es el causante de la espiritualidad y la religiosidad en las personas.

---

con lo divino. Por último constataron que también se activó el lóbulo parietal del cerebro (relacionado con la conciencia espacial), lo que podría explicar la sensación de hallarse inmerso en algo mucho mayor que nosotros mismos típica de este tipo de experiencias. Según los investigadores, la cantidad (una docena) y diversidad de regiones cerebrales implicadas apunta a que el fenómeno de la espiritualidad es altamente complejo en el ser humano. De hecho, estos estados se producen gracias a una red neuronal que se encuentra distribuida por todo el cerebro, asegura Beauregard.» Fuente: Andalucía Investiga (15 Octubre 2007). Recogido en: SONEPSYN (Sociedad de Neurología Psiquiatría y Neurocirugía) Santiago; Chile.
En: http://www.sonepsyn.cl/index.php?id=191.

Otro genetista como Rick Strassman dice que si dichos genes están vinculados a alguna sustancia, ésta debe ser la dimeltitriptamina, único psicodélico que produce de forma natural nuestro cerebro capaz de producir visiones y alucinaciones, el cual, si lográramos manipularlo y modificarlo, podríamos alterar a voluntad nuestra vocación religiosa.

Otro investigador como Richard Davidson hizo experimentos con monjes tibetanos y concluyó que poseen mayores niveles de ondas gamma durante sus meditaciones.[73]

Resumiendo en otras palabras que pretendan una mayor perspectiva y no pequen de reduccionismo: cada cual en su terreno (¡todos por igual!) intenta explicar la experiencia religiosa a su manera. Sin embargo, por muchas vueltas que dé esta noria, por muy enrevesadas explicaciones, por muy diferentes ángulos en que se lo mire y por muy diferentes ramas de la ciencia que aborden el problema, una cuestión parece persistir siempre como común denominador, y es que en todos los casos estas alteraciones neurológicas han sido explicadas recurriendo al simbolismo sexual, tanto las causadas de forma natural en los místicos como las provocadas artificialmente en los experimentos con voluntarios no religiosos.

Sea como fuere parece innegable que la experiencia religiosa profunda guarda una estrecha relación con un cuerpo y una mente erotizados; y deben de producirse ambas, tanto mente como cuerpo erotizados para que la experiencia

---

[73] Fuente: Yaiza Martínez. *Tendencias Científicas.* Recogido en: SONEPSYN http://www.sonepsyn.cl/index.php?id=546

mística pueda considerarse completa. Tales experiencias son lo más placentero que se conoce (más incluso que el orgasmo sexual, el cual sólo sirve como metáfora aproximativa para describir la experiencia mística). Y para gozar de estas experiencias no es preciso ser creyente, ni incluso humano, pues hasta las ratas tiran de la palanca para conseguirse más descargas que estimulen esas zonas cerebrales y obtener el sumo placer hasta morir. Tenga en cuenta el lector que el orgasmo sexual sólo implica a lo físico, mientras que las sensaciones de estas experiencias conllevan una actividad cerebral más intensa que el simple acto sexual (y ya hemos dicho que el placer psíquico es más placentero que el físico).

Todavía se busca y se continuará buscando, siempre habrá una cuestión por resolver, máxime en el terreno tan incierto como el de la religión. La ciencia continuará dando vueltas a la misma noria ratificando lo que ya sabemos: todo son siempre hipótesis provisionales, nunca concluyentes, pues los aciertos de hoy a buen seguro serán considerados en el futuro como errores del pasado. Otro burro rodará la misma muela.

El diálogo es interminable, como la pescadilla que se muerde la cola, y en última instancia siempre cabe cuestionarse "la pregunta del millón": ¿creó Dios los procesos cerebrales o son los procesos cerebrales los que crean a Dios en nuestra mente? Los últimos proyectos reúnen a científicos de todo el mundo para intentar trazar un mapa del cerebro humano y de sus sinapsis neuronales: es el proyecto *Conectoma.* Otro proyecto denominado *Blue Brain,* también interdisciplinar y a escala internacional, intentará estudiar la estructura neuroanatómica de una columna neuronal de una rata macho para entender el funcionamiento del cerebro humano.[74]

Para concluir cabe alegar dos últimas cuestiones. La primera es que puede que exista un condicionamiento neuronal que facilite a ciertos individuos experimentar unas experiencias religiosas de forma natural, pero ello no quiere decir que dichas experiencias religiosas sean producto de una actividad mecánica o aleatoria de las neuronas; sólo indica que algunos individuos están más predispuestos genéticamente a dichas experiencias por su peculiar condicionamiento neuronal, nada más. Otra serie de factores como el entorno, la educación y las experiencias personales entran en juego y hacen apenas significativo dicho condicionamiento: ¡El condicionamiento genético sólo implica una predisposición, no un imperativo ineludible de la biología!

La segunda cuestión y más importante si cabe es que no podemos saber si los cambios de esta red neuronal que provocan la experiencia mística son provocados por el propio cerebro o si por el contrario éste está percibiendo alguna realidad ultrasensorial. Es decir, otra realidad ajena que sólo pueda percibirse de esa manera, a través de los cambios neurológicos.

---

[74] Éste último proyecto podría ayudar en la lucha contra el Alzheimer, la epilepsia, esquizofrenia, etc. Javier de Felipe es un investigador español que forma parte del ambicioso proyecto *Blue Brain*. En un artículo titulado "Conocer cómo funciona la corteza cerebral es conocernos a nosotros mismos" (Revista *Redes,* n° 8, p. 60 y ss). explica muy bien las intenciones que los mueven, que son recrear en el ordenador un modelo de la estructura fisiológica del cerebro. El proyecto es realmente interesantísimo y muy ambicioso, y podría dar lugar a grandes avances en la comprensión de nuestros procesos cerebrales y de nosotros mismos.

Repetimos: con los métodos y mecanismos que dispone la ciencia actual no podemos saber si estas alteraciones neurológicas son las que crean en la mente del individuo una experiencia cercana a Dios o si existe otra realidad que está siendo percibida y reflejada mediante dichos patrones neurológicos, y que ningún otro dispositivo tecnológico es capaz de registrar. No sabemos si nuestro cerebro es capaz de sentir una realidad más allá de lo que habitualmente percibimos por los sentidos, pero sí podemos confirmar una cosa: *la realidad de la experiencia religiosa descrita por las tradiciones.*

Los éxtasis místicos son reales y naturales, aunque de momento no sabemos si las alteraciones del cerebro extasiado son un reflejo de la unión mística o si por el contrario está reaccionando frente a estímulos desconocidos que no podemos registrar. No sabemos si son alucinaciones y por lo tanto un proceso cerebral interno o si por el contrario nuestra mente está percibiendo otra realidad externa. Las máquinas son inútiles para responder. Todavía es cuestión de fe.

Llegados a este punto hemos de reconocer honestamente que no podemos demostrar la irrealidad de un encuentro con Dios; sólo podemos asumir que la mente así lo cree, y de momento el instrumental del que disponemos no nos sirve para demostrar que dicho encuentro sea irreal, ya que los procesos cerebrales dicen todo lo contrario: *la unión mística es efectiva y verdaderamente real sin ningún género de dudas.*[75]

---

[75] A propósito de esto que estamos comentando cabe decir que los últimos avances en física cuántica son sorprendentes y no niegan la posibilidad de

En este estudio no nos interesa la cuestión de la realidad de Dios. Aquí no vamos a ser tan presuntuosos como para pretender responder a la pregunta de si existe o no existe Dios; menos aún pretender convencerles mediante argumentos, lo cual sería irrisorio, pues sabido es que la razón no es efectiva para comprender dichos asuntos. Lo que nos interesa a nosotros es que las experiencias religiosas profundas son reales y tienen un correlato verdadero e *indiscutiblemente erótico,* el cual se explica mediante el simbolismo sexual, eso es lo que andábamos buscando en este capítulo.

Para nuestros propósitos algo realmente muy significativo hemos sacado en claro: no hay duda en el ámbito científico que el simbolismo sexual es utilizado para explicar por analogía estos procesos psicobiológicos porque dicho simbolismo sexual es la forma idónea y natural para comunicar la experiencia religiosa profunda, ya que en ella se participa inevitablemente del arrobo del cuerpo a través de la afectación de los sentidos, de similar forma –incluso con mayor placer- que un orgasmo sexual.

Sólo podemos hablar con propiedad y aseverar que un encuentro con Dios efectivamente se ha producido cuando dicho encuentro se da con la irremediable turbación erótica

---

que todo lo creado haya sido concebido por la mente. Pero ese es otro tema el cual espero que recientemente vea la luz en forma de libro; en él trataremos las similitudes entre el lenguaje de la física actual y el de la teología, en apariencia dispares pero en esencia tan iguales como dos gotas de agua: dos lenguajes simbólicos distintos que cuentan lo mismo, dos códigos distintos para un mismo mensaje.

del sujeto, pues sólo cuando se da una afección tanto mental como física podemos hablar con garantías de un verdadero arrobo. No se puede sentir a Dios sólo con la mente, ni siquiera sólo con los sentidos del cuerpo, sino de forma conjunta entre mente y cuerpo. Y ese contacto con Dios es la forma suprema de gozo y de amor que puedan sentir los seres vivos.

Sin cuerpo y mente erotizados no existe unión mística.

A IMAGEN Y SEMEJANZA

«Cuando creó Dios al hombre, le hizo a imagen suya. / Hízolos macho y hembra, y los bendijo, y les dio, al crearlos, el nombre de Adán.» (*Gén.* 5, 1-2).

«El que derrame la sangre humana, por mano de hombre será derramada la suya; porque el hombre ha sido hecho a imagen de Dios.» (*Gén.* 9,6).

Hasta ahora en los capítulos precedentes nos hemos centrado principalmente en la relación entre la religión y el erotismo, pero sobre todo nos hemos enfocado en la mística y sus experiencias religiosas profundas. En ellos hemos visto que la relación del erotismo con la religión es evidente incluso para la ciencia actual, a lo que habría que sumar toda la Historia de las Religiones, filosofía y antropología.

Pero una cuestión tangencial nos sale al paso, y es el hecho también indiscutible de que los seres humanos tendemos a dotar de sacralidad el acto sexual por causas naturales, como también ha sido natural a lo largo de la Historia que hayamos concebido a los dioses con órganos sexuales. ¿Por qué ideamos y pintamos dioses con genitales? ¿Por qué se sacraliza la sexualidad?

La Historia del Arte el arte nos ha legado muchos restos en los que se observan claramente los genitales de los dioses y, en más de una religión, haciendo uso de los mismos. Incluso el cristianismo profesó de manera muy evidente el culto al falo de Jesucristo en el arte de la pintura, en la cual se observa sin lugar a dudas que los genitales de Cristo son la temática central del cuadro. El culto al falo de Jesucristo se dio con mayor profusión durante el Renacimiento, aunque en verdad nunca ha dejado de contemplarse (Al respecto véase el libro: *El culto al falo de Jesucristo*)

Este capítulo intentará dar respuesta al por qué los dioses son concebidos con capacidad sexual y atributos genitales. Esperamos así despejar dudas sobre la relación entre el erotismo y la religión, pues si los dioses son una creación de la psique humana, obviamente su sexualidad será la proyección sublimada e idealizada de nuestra sexualidad.

Vamos a contarles una bella historia sobre nosotros mismos, hechos a semejanza de los dioses.

****

Sobre el ser humano y su realidad tanto física como ontológica (referido a sus propiedades trascendentales) se dice lo propio en la Biblia. Allí se nos cuenta que Dios creó al hombre *a imagen y semejanza,* lo cual significa que fuimos creados con su misma apariencia (imagen) e idéntica esencia divina (semejanza), tanto nuestro aspecto externo como el interno, o sea, el cuerpo y el alma. Dicho de otro modo: decir que estamos hechos *a imagen y semejanza* de Dios es pretender transmitir que somos análogos y, en apariencia, iguales a Dios.

En el mito adámico la serpiente dice a los primeros padres que si comen de la manzana "serán como dioses" (es la segunda advertencia que se nos hace en la Biblia sobre nuestra condición divina), y acto seguido los humanos deciden ser como Dios y por lo tanto toman del árbol prohibido. Por si existía alguna duda de que al comer del fruto vedado nos transformaríamos en dioses, el mismo Yahvé da buena cuenta de ello sin margen posible para la confusión (ya que si de algo carece este dios es de sentido del humor), por lo que hay que tomarse sus palabras muy en serio: «Díjose Yahvé Dios: "He ahí al hombre hecho como uno de nosotros..."»[76] (*Gén.* 3, 22). En otras palabras: tal vez no hubiéramos tenido que comer del fruto prohibido para ser dioses porque ya lo éramos desde el momento en que fuimos creados, hechos *a imagen y semejanza*, y lo único que conseguimos por pretender ser lo que ya éramos fue traicionar la confianza de Dios y ser expulsados de la morada divina.

(En este punto cabría alegar un dato importante, y es que no traicionamos a Dios, puesto que si es omnisciente y todo lo sabe, conocería de antemano nuestra reacción, por lo que su prohibición no sería más que una treta para confundirnos, un engaño, al igual que la madre engaña a su hijo y después lo culpabiliza a fin de inculcarle unos valores morales y éticos que espera transmitirle. Pero la cuestión de que Dios (omnisciente) ya sabía de antemano que íbamos a caer en la tentación no lo trataremos ahora, pues es la eterna diatriba sobre el libre albedrío y la predestinación, tema que no es el objetivo de este estudio y por lo tanto evitaremos.)

---

[76] Es muy extraño que en este versículo Yahvé se refiera a Él mismo en plural ("como uno de nosotros"), como si aludiera a un panteón poblado de seres divinos, o tal vez como si remitiera a su doble: Satán.

Yahvé nos expulsó del Paraíso, pero con nuestra esencia igual que la de los dioses. Se nos expulsó porque traicionamos la confianza divina al comer del árbol prohibido, el de *La Ciencia del Bien y del Mal*, pero cabe decir que en el Jardín del Edén había otro árbol también prohibido y del que no nos dio tiempo de comer: *el árbol de la Vida. (El árbol de la vida* es llamado así porque daba la inmortalidad). Las palabras de Dios en este punto tampoco dan lugar a dudas:

«He ahí al hombre hecho como uno de nosotros, conocedor del bien y del mal; que no vaya ahora a tender su mano al árbol de la vida y, comiendo de él, viva para siempre» (*Gén.* 3, 22)

Si hubiésemos comido de ese otro árbol viviríamos para siempre. Así pues también se nos expulsó tal y como dice Dios para que no fuésemos inmortales.

Pero no debemos reprocharnos nada en culpa, pues nuestra relación con los dioses ha estado plagada de continuas infidelidades y engaños, tanto por nuestra parte como por la de los dioses. A este respecto es muy importante y conviene no olvidar que también Dios nos traicionó en el pacto hecho con David (*No engañaré a David. Sal.* 89, 35-36) y rompió la alianza contraída con nosotros y su fidelidad hacia el hombre (*Sal.* 89, 40-53). Por nuestra parte, igualmente hemos traicionado a Dios desde el primer hombre. Y así estamos, en una historia de traiciones continuadas, en un enredo de desavenencias mutuas, en una eterna relación de amor y odio como enamorados que no pueden vivir juntos ni separados, la típica historia de amor romántico (*amour fou*) que siempre acaba mal. Veamos cómo termina esta loca historia de amor y desamor.

****

En la etapa decisiva en que el hombre se estaba separando de su animalidad es cuando se empezó a intuir lo sagrado. Las pinturas, los grabados e incluso los primeros textos escritos estuvieron dedicados a esa realidad sagrada que en nuestra mente empezaba a cristalizar. Ello implicó una introspección abrumadora al interior de nuestra consciencia que desembocó en el animismo y en la magia y, con posterioridad, en la instauración de dioses. Esos dioses eran la esencia inextricable del mismo hombre, su cuestionamiento y trascendencia, sus anhelos y deseos, y por eso nos protegieron de todos los males conocidos y nos salvaban de lo ignoto. Hay que tener en cuenta que las divinidades son un espejo que nos muestran nuestro verdadero espíritu, y que buscando a Dios al final sólo encontramos la imagen del propio yo, una proyección nuestra.[77]

Siguiendo con esta interpretación cabría concluir que Dios, nuestra propia esencia exteriorizada y proyectada, creó la cultura para que ella misma diera fe de sí misma y de su reflejo el hombre, para hablar de nosotros mismos y de nuestros deseos y temores. Al fin y al cabo todas las religiones tratan de lo mismo: el hombre hablándose a sí mismo, aunque al igual que las personas, con lenguajes distintos y

---

[77] Del mismo modo los demonios son una representación de fuerzas internas de emotividad proyectadas en forma simbólica, con atributos desagradables tal cual el sentimiento que provoca esa emotividad asfixiante.

153

diferentes comportamientos y valores. La cultura ha sido creada por el ser humano, y la religión, como cultura que es, expresa el espíritu humano.

Construimos dioses con aspecto humano, pero no siempre fue así. En los inicios los dioses estaban contenidos en los elementos y en las fuerzas naturales tales como ríos o montes, e incluso se llegó a concebir que habitaran en una simple piedra o un mero tablón de madera, pues bastaba con representar la idea del dios para comprenderlo, lo cual cuadra perfectamente con la noción de que dios es invisible y sólo discernible por el intelecto. Por eso se adoraron piedras, montes, árboles, aunque a sabiendas de que esos elementos no eran la divinidad, sino sólo el símbolo que la contenían. Existe un texto atribuido a Olimpiodoro que explica muy bien que en realidad esos símbolos no son los dioses sino imágenes que nos sirven para recordarlos y concebirlos mejor:

> «No se piense que los filósofos veneran piedras e imágenes como si fuese dioses. Pues, dado que los seres vivos no podemos percibir ni sentir las fuerzas y poderes incorpóreos e inmateriales, inventamos imágenes de ellos para que sirvan como recordatorios, de modo que quienes vean tales cosas y las veneren puedan llegar a concebir las fuerzas incorpóreas y faltas de materia.»[78]

Sin embargo, al actuar así íbamos poco a poco dibujando a Dios bajo una forma definida, delimitada. A ello habría que añadir que no nos conformamos con ello, pues debido al

---

[78] Existe confusión acerca de este autor, pero no obstante se atribuye a Olimpiodoro. Recogido en FREEDBERG. *Op. cit.* p. 225.

154

anhelo de concreción que siente el ser humano poco a poco le fuimos otorgando un valor menos inerte, más animado y más interventor. Por eso se empezaron a adorar las cualidades de ciertos animales y los divinizaron, porque los podíamos ver (y por eso tantas religiones contemplan todo un panteón bestiario). No obstante la evolución de las formas divinas no se detuvo ahí: con posterioridad el ser humano empezó a imaginar a los dioses con formas humanas, con aspecto antropomórfico.

El hecho de que la divinidad fuese representada en los albores de la humanidad personificada en las fuerzas naturales primero, en las cualidades de algunos animales después y en forma humana finalmente, demuestra que la evolución religiosa es un hecho indiscutible del mismo modo que la evolución de los dioses, pues de modo contrario no habrían cambiado paulatinamente de aspecto. Por eso mismo algunos autores clásicos, conocedores como lo fueron de las distintas formas que con el tiempo albergaron a la divinidad, recogieron en sus escritos las preocupaciones sobre la forma idónea para representar a los dioses, como por ejemplo Dión Crisóstomo, que pone en boca de Fidias un párrafo tan elocuente que vale la pena detenernos a leerlo, pues expone perfectamente sus dudas acerca de que el aspecto humano sea el adecuado para representar a Dios:

> «Compatriotas griegos: el tema es el más importante que se haya planteado nunca, pues concierne al Dios que gobierna el universo y al modo en que yo lo he representado. Ningún escultor o pintor podrá nunca representar la mente y la inteligencia, porque ningún hombre puede tener el poder de

observar tales atributos con sus ojos ni descubrirlos mediante la investigación. Al contrario: de aquello en lo que esta inteligencia se manifiesta no tienen los hombres, salvo el conocimiento real, ningún indicio al que puedan recurrir; y a falta de una ilustración mejor, atribuyen a Dios un cuerpo humano, como si fuese el vaso en el que se contienen la inteligencia y la racionalidad. En su perplejidad, tratan de representar lo que es invisible y no se puede describir por medio de algo que se puede pintar y que es visible utilizando la fuerza del símbolo (*symbolou dynamei chromenoi*), con lo cual se igualan a los bárbaros, de quienes se dice que representan lo divino por medio de animales, empleando como punto de partida símbolos triviales y absurdos...»[79]

No obstante, aunque hubo algunas resistencias contra el aspecto antropomórfico de la divinidad, con el paso del tiempo y la necesidad de concreción humana, las divinidades fueron irremisiblemente tomando un aspecto como el nuestro. La forma antropomorfa de las divinidades ha sido pues una transformación que refleja la evolución de nuestra psicología religiosa; significa que la evolución de su físico demuestra que responden a deseos y necesidades nuestras, y que tienen la forma que les damos nosotros, pues si los dioses fuesen eternos e inmutables obviamente no hubieran cambiado de aspecto con el tiempo: su evolución es prueba irrefutable de que no somos a imagen de Dios, sino que Él ha ido revistiéndose gradualmente según nuestra imagen. El hecho de la evolución y los cambios a que ha estado sometida

---

[79] Dión Crisóstomo, *Oratio XII*, 53. Recogido en *Ibid.* p. 226.

la divinidad demuestra que ha sido creada por una proyección del ser humano, según nuestras necesidades y deseos cambiantes con el devenir del tiempo.

Pero ¿por qué hemos tendido a crear a los dioses según nuestra propia imagen? David Hume da en el clavo en esta cuestión cuando afirma lo siguiente:

> «Hay una tendencia universal en todos los hombres que consiste en concebir todos los seres a semejanza nuestra, y en atribuir a cada objeto esas cualidades con las que estamos más familiarizados y de las que somos íntimamente conscientes. [...] Y en virtud de una propensión natural [...] adscribimos malicia o buena voluntad a cada cosa que nos daña o que nos agrada.»[80]

Las cualidades que el humano considera nobles son trasferidas a Dios, y por este mismo principio también debiéramos hacer lo propio con las negativas, pero no lo hacemos: seguimos actuando como Platón hace miles de años, cuando exculpaba a las divinidades del Mal y de sus actos nefastos. Platón intentó purgarlos de sus aspectos negativos porque creía que «las cosas malas no hay que buscarlas en la divinidad»[81]. Según él sólo deben atribuírsele los aspectos positivos. Este hecho refleja que si los dioses rechazan el lado oscuro y amoral es debido a que son proyecciones nuestras en las cuales rechazamos las tendencias negativas. Es decir, que el individuo que repudia su propia condición perversa repudia asimismo el lado oscuro de

---

[80] HUME, D. *Historia natural de la religión.* [sección III]. Recogido en: HUME, David. *Diálogos sobre la religión natural*. Madrid; Tecnos, 2004 (Anexos). p. 214.
[81] PLATÓN. *La República.* 379 c

los dioses, pues no son sino la proyección de nuestras faltas. Por eso Platón aconsejó la censura de la información "sensible" de los dioses. Un ejemplo al caso es cuando dice que no convendría enseñar a la gente los pormenores del dios Cronos[82]. Algunos dicen que actuó así porque fue ante todo un pedagogo; tal vez otros opinen que sólo fue un censor.

Lo cierto es que los hombres construimos imágenes de dioses y los adaptamos continuamente a los nuevos tiempos, los renovamos. Los dioses violentos y homicidas de la Antigüedad fueron purgados en lo posible de sus faltas porque pensaron que un dios no debiera ser contemplar actos humanos despreciables. Después de Platón la condena de la mitología aparece en muchos autores antiguos que también rechazaban la idea de un dios malvado, pues atribuirle los mismos desórdenes que nosotros era una ofensa al sentido común. Estas quejas expresan una indignación comprensible porque algunos dioses eran representados realizando los actos más infames de la condición humana: incesto, parricidio, infanticidio... Y este mismo afán por purgarlos del Mal empapará al cristianismo, cuyo dios estará, definitivamente y fuera de toda duda, libre de toda mácula: sólo los aspectos positivos son inmanentes al dios cristiano, sin posibilidad alguna de dualidad. Si bien antiguamente y en

---

[82] «En cuanto a los actos [...] de Cronos y lo que soportó de su hijo, aunque fueran ciertos, no convendría, en mi opinión, precipitarse con tanta ligereza a contárselos a unos seres desprovistos de criterio e ingenuos, sino más bien silenciárselos por completo; y si existiera alguna obligación de decírselos, convendría que fuera a través de unas fórmulas secretas de Misterios, para un auditorio lo más reducido posible...» *Ibid.* 378 a-b. El dios Cronos, como sabemos, emasculó a su propio padre y se comió a sus cinco primeros hijos porque le habían profetizado que uno de ellos lo derrocaría (Calígula seguiría sus pasos en la Tierra).

otras religiones la divinidad contenía y era la causa tanto del Bien como del Mal, en el judeo-cristianismo se disociará en dos entidades diferenciadas para exculpar al Dios bondadoso de la maldad, atribuida ésta en adelante a Satán, sin relación alguna ni parentesco conocido con Dios.

A la luz de todo esto debemos convenir que si los dioses actuales son bondadosos, piadosos e incluso amorosos, es debido a este proceso de "desinfección"" de la teología. Los dioses originales contemplaron la unión de los opuestos en sí (el Bien y el Mal) pero gradualmente los privamos de sus personalidades naturales por no ser un buen ejemplo moral para el correcto desarrollo de la sociedad. Y es que da la sensación que los dioses hacen y dicen lo que les mandamos.

Para ejemplificar la evolución de la psicología religiosa (la cual influye en la forma de concretar bajo una determinada forma a la divinidad de cada época) vamos a recurrir a Carl Gustav Jung. Él propone la idea de que las Sagradas Escrituras reflejan el inconsciente religioso colectivo, y que ese inconsciente religioso colectivo es diferente en cada época, por lo que los diferentes libros de la Biblia reflejan cada uno un inconsciente colectivo diferente, atendiendo obviamente a la época en que fueron escritos. Así pues, la inspiración divina, que es lo que concibe e inventa el texto, es para Jung ese inconsciente religioso colectivo (y perdón por tanta reiteración pero la veo necesaria). Dicha inspiración ha sido entendida siempre como un agente externo, como la voz de Dios, y no como lo que realmente era: un contenido del inconsciente que se trasvasa a la consciencia. Esta es la razón por la que la inspiración divina elabora en cada época una teología distinta, porque está dirigida por el inconsciente colectivo que obviamente cambia con los tiempos.

Jung se basa en el libro de *Job* para demostrar cómo los aspectos perjudiciales de Yahvé son poco a poco expurgados de las Escrituras. En el libro de *Job,* Yahvé es muy injusto con su siervo Job y le hace sufrir grandes calamidades sólo por mero capricho, por una estúpida porfía que Dios había hecho con Satán para demostrarle a éste la fe inquebrantable de Job. Estos tormentos que le causó de forma injustificada al pobre y justo Job marcaron un hito en el inconsciente religioso colectivo, pues su sufrimiento traumatizó nuestra consciencia quedando desde entonces grabado y oculto en el inconsciente colectivo. Los actos malvados de Dios quedaron guardados en nuestra memoria inconsciente y poco a poco empezamos a rechazar a ese Dios e imaginar a otro más benévolo. A partir del momento en que inconscientemente empezamos a sentir a Dios como negativo y violento es cuando comenzamos a imaginar una divinidad renovada en forma más positiva, bondadosa y sobre todo humana, que no contemplara rasgos oscuros ni perjudiciales, que no nos dañara como a Job: una divinidad a la que no temiéramos sino amáramos, que no nos castigara sino que nos perdonara, y que fuera la personificación del amor.

Con el paso del tiempo esta evolución del inconsciente religioso empezó a gestar la posibilidad de una Encarnación divina semejante a nosotros, cuyos rasgos más característicos fueran precisamente aquellos contrarios a los que suscitaban el temor a Dios: bondad, amor y perdón. Este anhelo de una divinidad más benevolente queda reflejado en los diversos profetas que auguraron la llegada del Mesías humano, demostrando así el deseo de una divinidad bondadosa y redentora, no sólo justiciera.

En otras palabras: la Encarnación de Jesucristo refleja el deseo inconsciente de sentirse arropado y seguro con una divinidad piadosa, no malvada ni vengativa. Jung defiende así la tesis de que el humano es moralmente más elevado que Yahvé, pues a fin de cuentas Dios es una creación de la psique humana y por lo tanto evoluciona siempre con retraso respecto de nosotros, pues debe estar constantemente readaptándose a nuestra nueva realidad psíquica, a nuestros avances morales y éticos[83]. Los dioses son un reflejo del inconsciente y conforme evoluciona nuestra mente evolucionan también ellos, pero con retraso. Vamos continuamente redefiniendo a los dioses, readaptándolos a nuestras nuevas necesidades de defensa psíquica. Tal y como advierte Joan H. Timmerman, «cada época intenta ver sus propios valores preferidos en la imagen del Dios-hombre».[84]

Construimos a Dios según nuestras proyecciones y por ello ha ido cambiando de aspecto físico hasta haberse concretado en forma antropomórfica, ya que una imagen de Dios con aspecto humano es más efectiva y cercana que por ejemplo la figura de una piedra o una montaña. Además, al ser más familiar y conocida su forma podemos conocer mejor sus rasgos. Representamos a Dios antropomorfo porque es la forma que mejor conocemos y estimamos, y por eso la imagen del cuerpo de Dios debe ser la imagen más perfecta del cuerpo humano más perfecto. Dios es así la imagen

---

[83] Al respecto de lo comentado acerca de las implicaciones inconscientes del libro de *Job* véase de JUNG *Respuesta a Job*. México; FCE, 2006.

[84] Timmerman, Joan H. "La sexualidad de Jesús y la vocación humana". En: NELSON, J.B. y LONGFELLOW, S.P. *La sexualidad y lo sagrado.* Desclée de Brouwer, Bilbao 1996. p. 152.

glorificada del hombre perfecto y divino, y ese será el cometido de los artistas de todos los tiempos: pintar a Dios con un cuerpo perfecto, el canon ideal.

****

En algunas religiones ha habido conflictos iconoclastas, trifulcas devenidas por la pertinencia o no de representar a la divinidad, pues se pensaba que era una ofensa para Dios ya que nunca nos aproximaríamos a interpretarlo tal y como es. En el cristianismo también tuvieron luchas iconoclastas, sin embargo pronto se empezó a representar a Cristo aún a sabiendas que la Biblia pone en boca de Dios que no debemos representar ninguna imagen, ni de lo que haya sobre la tierra, sobre el cielo o en las aguas, y mucho menos la imagen de Dios: en este punto Yahvé es muy claro.

Pero tal y como hemos dicho el cristianismo empezó a representar a Jesucristo aún a pesar de la prohibición y con ello posibilitó un auge y una época de esplendor extraordinarios en el mundo del arte. Una de las razones que esgrimieron para legitimar las pinturas de Jesús era que, si Dios se encarnó en Él fue para que lo viéramos, y por lo tanto estábamos legitimados para representar su aspecto visible mediante un cuerpo humano como el nuestro, tal y como se encarnó.

Cristo es el *logos* corporalizado, el que legitima la pintura para sortear la prohibición de imágenes, el que nos permite esquivar esta restricción por un buen fin: la sensibilidad, el goce de los sentidos y disfrute del cuerpo. ¿Nos lleva este desarrollo a equiparar a Jesús con los ritos de transgresión en los que se glorificaban las pasiones y los deseos naturales?

Todo da a entender que en otro grado y orden distinto sí, pero ahora bajo formas pacíficas, dulcificadas, espiritualizadas y racionalizadas. (Recordemos que la evolución religiosa ha purgado a Dios de las cualidades negativas y violentas).

En otras palabras: Jesús tiene en cuenta el aspecto anímico, emotivo, y la sexualidad del ser humano. Con Cristo legitimamos el cuerpo pero sin olvidarnos de nuestros sentimientos, de la parte psíquica y emocional. Es, a fin de cuentas, el que reúne los opuestos y los conjuga óptimamente y en armonía, el ejemplo de plenitud del "sí-mismo", la integración perfecta entre el espíritu y el cuerpo, el equilibrio natural.

Sin embargo este mensaje de amor sexual no es tan abordado como debiera por quienes corresponde, los cuales prefieren incidir en la naturaleza divina de Cristo antes que en la humana, y por supuesto laurear la castidad como estado superior del ideal espiritual e ignorar por completo su sexualidad que remite a la carne y lo mundano. Los teólogos que se han ocupado de la sexualidad cristiana por lo general resultan insufribles de leer, pues su afán evangelizador domina sus discursos y por supuesto, ni que decir tiene, no mentan en absoluto la sexualidad de Cristo. Por suerte no todo el camino está lleno de zarzas y al respecto sólo cabe felicitar algunos brotes de valentía por quienes emprenden esta delicada tarea, como por ejemplo el libro a cargo de B. Nelson y Sandra P. Longfellow, quienes abordando directamente la cuestión se preguntan sin ambages: «¿Qué revela sobre Dios nuestra experiencia sexual?»[85]

---

[85] *Íbid.* p. 20.

Cada época trasmite sus valores preferidos a su divinidad, por lo tanto la única imagen legítima de Dios hoy en día es la del hombre (así va el mundo en su vorágine narcisista). Aunque una cosa es imprescindible para poder considerarse humano: tener una sexualidad humana. Es en este punto donde las cosas son un poco más delicadas, pues por tradición el cristianismo ha venido definiendo a Dios como lo opuesto al hombre en un intento por acotarlo racionalmente para nuestro entendimiento a la vez que para purgarlo de impurezas: si el hombre es mortal, Dios es inmortal; si el hombre tiene cuerpo, Dios es incorpóreo; si somos definibles, Dios es indecible, inefable y, en resumen, lo opuesto a nosotros, pues tal es su magnificencia que no puede equipararse a simples mortales. Y de ahí se extrajo la falacia más sobresaliente que nos concierne directamente: ¡si el hombre es sexual, Dios es asexual! De este modo la antítesis Dios-hombre predispuso al rechazo de lo humano en favor de la meta-ideal asexualidad divina. Los primeros padres de la Iglesia desarrollaron estos pensamientos y encauzaron así la futura dirección que tomaría el cristianismo. Dicho de otro modo: el descontento por la condición humana reflejado en el rechazo a la propia sexualidad se compensó con el anhelo de una condición divina y asexual.

Sin embargo, aún a pesar de esta tendencia de identificar a la divinidad como lo opuesto al hombre, también es cierto su contrario, es decir, que tendemos a dotar a Dios de cualidades humanas y a transmitirle nuestros valores preferidos. Muchos autores han incidido en esta necesidad que tenemos de atribuir el carácter y propiedades humanas a los demás seres animados, inanimados e incluso a los objetos (piénsese en las fábulas por ejemplo). También hemos comentado que David

Hume remarcó esta «tendencia universal [...] a concebir todos los demás seres a semejanza nuestra», a la vez que remarcaba que tendemos a otorgar a Dios las mismas cualidades que resultan nobles en el humano, pero también se hizo eco de otra curiosidad nada desdeñable, y es que ¡no lo dotamos de sexo!, y se preguntó Hume «¿Por qué esta circunstancia, tan universal, tan esencial, ha de ser excluida...?».[86]

La sexualidad de los dioses refleja un anhelo humano, o mejor aún, la sexualidad de Dios es reflejo de la condición erótica humana. Esto nos lleva a una conclusión, a saber: somos capaces de concebir a Dios asexuado si renegamos de la carnalidad por entenderla pecaminosa y mundana, pero de modo contrario también somos capaces de sexualizar a Dios si aceptamos nuestro cuerpo y la sexualidad como dones de de la naturaleza o dones divinos. No tenemos por qué condenar el uso de nuestra genitalidad ni sentirnos culpables de nuestros deseos naturales (recuerden que se trata de un instinto). Los dioses griegos eran tremendamente lascivos, e incluso otras divinidades también han contemplado la sexualidad y la obligatoriedad del incesto. Esto significa que si existen dioses pudorosos y castos como en el cristianismo es porque fue expresión de una necesidad social ligada a los preceptos de la castidad: un dios casto expresa un sentimiento social que fomenta el buen desarrollo del colectivo evitando las violencias sexuales.

De todo esto se desprende que podemos encontrar tanto dioses con sexo como dioses asexuados. Dentro del propio cristianismo hemos venido observando que existe una tendencia clara en el arte de la pintura de dotar de genitales

---

[86] HUME. *Op. cit.* p. 117.

al dios encarnado, pero sin embargo existen otras obras más recatadas que no reconocen la sexualidad en Cristo. En la pintura vemos pues ambas tendencias: las que no contemplan el sexo de Dios y las que sí lo contemplan. Hay quien purga a la divinidad de las cualidades que le parecen impuras y define a su Dios como lo opuesto al hombre natural y por lo tanto no representa su genitalidad. Y obviamente también existen las otras obras que representan la genitalidad de Cristo y dotan a su dios de cualidades humanas en la construcción de su identidad, atribuyéndoles órganos sexuales pues esa es precisamente la razón de ser de un dios encarnado: ser un hombre "completo en todas sus partes".

****

La evolución religiosa es un hecho innegable como lo es también la evolución en el aspecto de los dioses. El dios encarnado ilustra este hecho del mismo modo que demuestra la tendencia de dotar a los dioses de los atributos humanos, entre ellos los genitales. Cristo es la adaptación de una demanda psicológica religiosa y por eso refleja el ánimo de concreción que anima a los hombres en la construcción de los dioses. Queremos que sean como nosotros, con poder real para comprendernos y ayudarnos en nuestra vida cotidiana, que sean útiles e incluso que tengan pecados como nosotros, tal y como le atribuimos "pecadillos" a Jesús como los excesos en la comida y la bebida (gustaba del buen yantar); el insulto que le propinó indirectamente a Herodes cuando mandó a sus discípulos que le dijeran «a esa zorra» (a Herodes) que él seguiría adelante en su camino; al portarse mal con sus padres haciéndoles sufrir al escaparse en el Templo; y ya de adulto con contestaciones dolientes despreciando a sus parientes consanguíneos al rechazar a su madre y sus hermanos[87]. Queremos dioses tan humanos que sean capaces de equivocarse y pecar, por ese motivo existe una tendencia que pretende emparejar a Jesús con María Magdalena, porque pretendemos que sea un hombre completo también con sus deseos y necesidades.

Tenemos la misma imagen y semejanza que los dioses, definida tanto por nuestro intelecto como por nuestro físico. Frazer dijo que a veces "la distinción entre dioses y hombres está un poco borrosa"[88], y tenía razón, no es tan fácil saber quién se parece a quién. Por eso tal vez lo más acertado sería interpretarlo como hace Besançon, alegando que las representaciones de los hombres son teomórficas y la de los dioses son antropomórficas, lo que continuando con el silogismo nos lleva irremisiblemente a la conclusión de que tanto dioses como humanos somos exactamente iguales. Por eso Alain Besançon no tiene otra salida que decir lo que ya intuíamos: «La única representación digna del dios es el cuerpo del hombre»[89]. El arte es buena prueba de ello.

---

[87] «*Mientras El hablaba a la muchedumbre, su madre y sus hermanos estaban fuera y pretendían hablarle. / Alguien le dijo: Tu madre y tus hermanos están fuera y desean hablarte. / El, respondiendo, dijo al que hablaba: ¿Quién es mi madre y quiénes son mis hermanos? / Y, extendiendo su mano sobre sus discípulos, dijo: He aquí mi madre y mis hermanos /...*» (*Mt.* 12, 46-49).

[88] FRAZER, J. G. *La rama dorada. Magia y religión.* México D.F.; Fondo de Cultura Económica, 1956. p. 122.

[89] BESANÇON, Alain. *La imagen prohibida.* Madrid; Siruela, 2003. p. 30. Libro muy interesante en lo tocante al tema que estamos tratando: la supuesta apariencia de Dios junto con los consabidos prejuicios iconoclastas que su imagen suscita.

Muchos autores se hacen eco de que la identidad de Dios se construye conjuntamente con la identidad del ser humano:

> «Podemos decir que las representaciones religiosas son inseparables del diseño de la identidad humana. Entre nuestra propia imagen y la imagen del dios existe una comunicación mutua, a través de cuyo despliegue se constituye no sólo la imagen divina, sino también la humana.»[90]

Incluso el Nobel Saramago escribió que el hombre «es tan cruel como Dios», pues «nosotros hemos inventado a Dios a nuestra imagen y semejanza, y por eso Dios es tan cruel»[91]. Muchos más convergen en esta idea: que dioses y humanos somos iguales, de hecho la interpretación actual de la mitología incide en la semejanza psicológica entre dioses y hombres. Pero la verdadera problemática que a nosotros nos atañe y en la que tantos autores han incidido es la referente al silencio en torno a la sexualidad del Dios cristiano. Por eso David Hume se preguntó en el siglo XVIII por qué si atribuimos a los dioses cualidades humanas no lo dotamos también de sexualidad. Al respecto Juan Arias tiene un párrafo muy interesante que vale la pena recordar:

---

[90] Jiménez, J. *La vida como azar*. Madrid; Mondadori, 1989, p. 54. Citado en nota p.d.p. en Calle, Román (de la). "Lo sagrado: retórica de lo inefable". En: G. CORTES y David Pérez. *Intertextos y contaminaciones : contemporaneidad y clasicismo en el arte*. (Conferencias). València; Direcció General de Promoció Cultural, Museus i Belles Arts, 1999. p. 69.

[91] Recogido en el periódico *Levante, el Mercantil valenciano*. Viernes, 6 de Noviembre de 2009. (p.8 de la *Posdata*) Reseña sobre el libro de José Saramago titulado *Caín* (Alfaguara, 2009). Nos atrevemos de paso a recomendarles esta fabulosa novela en que Saramago se recrea en pasajes del Antiguo Testamento para destacar las injusticias de Yahvé.

«La iglesia nunca ha negado que Jesús tuvo todas las pasiones, perplejidades, grandezas y miserias de la conducta humana. Una cosa no acepta: que hubiese podido ejercer su sexualidad. ¿Es que la sexualidad no es humana?»[92]

Podríamos concluir diciendo que Dios está hecho según la voluntad y el criterio humano, que somos nosotros quienes lo construimos incesantemente a través de los tiempos y que tal hecho refleja nuestra psicología religiosa colectiva. Unos lo conciben asexuado para evitar una supuesta profanación que eliminaría el sentido trascendente de su Mesías; otros lo conciben sexuado porque no creen que estén profanando ni a Dios ni a la sexualidad, sino precisamente todo lo contrario, creen estar glorificando lo más sagrado, pues la trascendencia no pierde ni un ápice por hacer un uso sano de la genitalidad sino al revés: piensan que el miedo reporta enfermedad y que la libertad legitima para disfrutar de una sexualidad sana y sacralizada a su modo.

No es extraño el derecho al disfrute religioso de la sexualidad como tampoco lo es atribuirle genitales a la divinidad: esta visión no deja de ser religiosa. Cuando los síntomas de una unión con Dios han sido sentir un goce supremo en los genitales; la unión esponsal entre hombre y mujer la metáfora más recurrida para ejemplificar el amor de Dios en nosotros (recuérdese *el Cantar*); las poluciones involuntarias de los monjes han reflejado unos episodios de espiritualidad profunda; el simbolismo sexual es el recurso

---

[92] ARIAS, Juan. *La Magdalena, el último tabú del cristianismo.* Madrid; Santillana Ediciones Generales, 2005. p.179.

EL EROTISMO Y LA RELIGIÓN

ideal para explicar el trance místico; y cuando incluso las neurociencias actuales remarcan que los individuos imbuidos al arrobo describen su experiencia con el mismo simbolismo sexual que los místicos en éxtasis... ¿puede ser incorrecto utilizar la propia sexualidad para sentir a través de ella el amor de Dios con sus criaturas? En otras palabras: ¿cómo puede ser pecado la unión sexual si ese estado es precisamente el idóneo para explicar la sensación suprema y divina de la unión con el Todo? ¿Cómo hemos permitido sentirnos tan culpables como para no gozar del don que por naturaleza nos concedió?

Dios y el hombre somos uno y lo mismo. Más aún: el hombre es el modelo divino, el patrón según el cual se diseñan los dioses. Nacemos, copulamos y morimos, tanto dioses como hombres; solo que el temor a Dios y el rechazo de nuestra sexualidad llevaron a ocultar un hecho innegable: que concebimos a Dios con una sexualidad humana y erótica, aunque velada para institucionalizar y sociabilizar los usos sexuales.

Respondiendo a la pregunta de Nelson y Longfellow ("¿Qué revela sobre Dios nuestra experiencia sexual?") cabe argumentar lo siguiente: nuestra experiencia sexual es primero, y luego la de Dios. Es de prever que llevemos la delantera en lo tocante al orden moral y que la divinidad vaya adoptando progresivamente una normalización sexual: el arte está a la vanguardia de estas reivindicaciones sexuales en la figura de Dios. Y lo que es más importante: Dios, si no es que desaparece antes, deberá asumir su sexualidad y cambiar con los tiempos; deberá integrar sus deseos de forma natural y en armonía saludable: tal es la demanda social y religiosa de hoy en día. Y así serán los dioses del futuro: harán uso de su sexualidad, como los de antes, pero purgados de sus valencias violentas que amenazan con desestructurar la sociedad. Eso o quedar marginado a minorías hasta desaparecer.

Cristo, de alguna u otra forma, sea a nivel metafórico o simbólico hizo uso de su sexualidad, o, ¿no tomó leche del pecho de su madre, no lo circuncidaron, no le miraron los genitales los Magos? ¿No pintaron los artistas a Cristo tocándose el pene? ¿Acaso no se comunicó con el Padre en varias experiencias religiosas profundas y se alteraron sus sentidos como sucede a todos los místicos? (Recordemos que no existe unión mística si no se erotizan los sentidos corporales).

Por eso siempre existirá en el arte una pintura que represente a Cristo con genitales, a Cristo con cuerpo de mujer y, en resumidas cuentas, a Cristo como portador de nuestra sexualidad sea la que sea (el arte contemporáneo es muy elocuente al respecto): porque «cada época intenta ver sus propios valores preferidos en la imagen del Dios-hombre», ya que la imagen de Cristo se alimenta de nuestra imagen y nuestros deseos y necesidades, y ya hace décadas que empezó la liberación sexual. Por eso identificamos nuestro cuerpo con el cuerpo de Cristo y nuestro sexo con el sexo de Cristo. Por eso estamos cambiando otra vez la imagen de Dios adaptándola a nuestros nuevos requerimientos y, por eso la cualidad sexual de la divinidad ya no es excluida sino integrada en un discurso humano. Por ese motivo el arte contemporáneo representa a Cristo travestido de mujer, o de mujer negra, o como varón desnudo y con el mimbro erecto... porque ahora Cristo está absorbiendo nuestra nueva realidad y está cambiando, porque vamos redefiniéndolo con nuevos y renovados términos que antes no tenían cauce de expresión.

Sólo es cuestión de tiempo que vaya asumiendo su nueva realidad y renovado aspecto: una sexualidad sana y potencialmente activa que no por ello deje de ser sagrada.

Sin lugar a dudas Cristo fue un ser sexual, a fin de cuentas era un ser humano *completo en todas sus partes*.

Habrá quienes nieguen la sexualidad de Jesucristo, pero con ello rechazan una verdad capital del mismo credo que profesan: que estamos hechos *a imagen y semejanza* de Dios.

20176051R00097

Printed in Great Britain
by Amazon